自行车运动训练指南

全面提升骑行表现的系统性训练（修订版）

［英］香农·沙凡铎（Shannon Sovndal） 著

张 建 译

人民邮电出版社

北 京

图书在版编目（CIP）数据

自行车运动训练指南 ：全面提升骑行表现的系统性
训练 ：修订版 ／（英）香农·沙凡铎
(Shannon Sovndal) 著 ；张建译. -- 2版. -- 北京 ：
人民邮电出版社，2021.4
ISBN 978-7-115-55619-6

Ⅰ．①自… Ⅱ．①香… ②张… Ⅲ．①自行车运动－
运动训练－指南 Ⅳ．①G872.32-62

中国版本图书馆CIP数据核字（2020）第264580号

免责声明

作者和出版商都已尽可能确保本书技术上的准确性以及合理性，并特别声明，不会承担由于使用本出版物中的材料而遭受的任何损伤所直接或间接产生的与个人或团体相关的一切责任、损失或风险。

内 容 提 要

本书是《自行车运动训练指南：全面提升骑行表现的系统性训练》的修订版，是职业公路自行车赛车手、加利福尼亚自行车锦标赛冠军香农·沙凡铎多年训练经验的总结。书中涵盖自行车训练的方方面面，包括训练目标设定、训练理念、计划制订、骑行技术、损伤预防与恢复、骑行装备，以及56套自行车运动训练方案。每个训练方案均有详细的执行步骤，易于理解和操作。

本书适合想要有效提升肌肉力量、骑行速度和体能，从而全面提升骑行运动表现的骑行爱好者、职业运动员和教练阅读。

◆ 著　　　　[英] 香农·沙凡铎（Shannon Sovndal）
　　译　　　　张 建
　　责任编辑　裴 倩
　　责任印制　周昇亮

◆ 人民邮电出版社出版发行　　北京市丰台区成寿寺路 11 号
　　邮编　100164　　电子邮件　315@ptpress.com.cn
　　网址　https://www.ptpress.com.cn
　　北京虎彩文化传播有限公司印刷

◆ 开本：700×1000　1/16
　　印张：13.5　　　　　　　　2021 年 4 月第 2 版
　　字数：278 千字　　　　　　2025 年 7 月北京第 13 次印刷

著作权合同登记号　图字：01-2016-10047 号

定价：99.00 元
读者服务热线：(010)81055296　印装质量热线：(010)81055316
反盗版热线：(010)81055315

致我一生的挚爱——斯蒂芬妮，
感谢你对我和身边所有人的鼓励，你总能带给我惊喜！

目录

序

任何人只要踏上自行车，就会渴望骑得更快。无论是冲击环法自行车赛的职业车手，还是只为周末能与小伙伴一起畅游在山水之间的普通人，谁都希望能够经过艰苦的训练取得骄人的战绩。科学、系统的训练则是不断突破、直达巅峰的秘籍。在本书中，香农·沙凡铎将教你如何让骑行训练更加高效、爬坡更加有力、冲刺更加迅速，从而让你成为技术全面的骑行高手！

出于对自行车的热爱，我被自行车运动深深吸引。我喜欢随意骑上一辆自行车，消失在某个远方，这的确很令人着迷。不久之后，我便开始渴望能够骑得更好、更快。这种想法促使我去寻找关于训练和提高运动表现的相关知识。我发现，有效的训练能够引爆每个人的潜能小宇宙！当然，我从未放弃在广阔天地任意驰骋的自由，同时也体会到了蕴藏在设定目标、制订训练计划并实施计划过程中的无穷乐趣。经过数年反复执行这些计划，我实现了梦想，成为世界级车手。

从 2009 年起，我一直作为 Garmin-Sharp-Barracuda 车队的队医与香农一起共事。他不仅是伟大的自行车车手，还善于把那些与健康和训练相关的高深的科学理论转化成人人都看得懂的语言。几年来，我们之间有过多次有趣的交流，他的学识让我大开眼界，我从他那里学到了许多提高骑速的好办法。他还教我如何从伤病中快速恢复，变得更加强壮，帮助我理解不同阶段训练过程中的身体变化情况。香农有医学背景，同时也有多年比赛经历，他还曾与世界顶级车手一起工作，因此，他对如何训练才能提高成绩有切身体会和独到见解。

这个世界一向如此，珍贵的东西往往需要付出更高的代价。自行车运动也是如此，要想成为了不起的车手，不仅要经历艰苦的训练，还要为之全情投入。但是，如果没有一份全面可行的计划来应对体能问题和其他不足，你就无法做到了解自己真实的潜力。在这本书中，香农将帮助你了解自己、设定目标，为你找到化茧成蝶的方法。

祝你训练愉快、好运！

泰勒·法勒

Garmin-Sharp-Barracuda 自行车队成员，
环法自行车赛、意大利米兰自行车赛和西班牙自行车赛冠军

前言

骑行是一项令人着迷的运动！你可以踏上自行车尽享室外的美好时光，穿行在美丽的风景之间，体验速度带来的快感，也可以通过骑行让自己更加健康和健美。自行车是一项大众运动，大多数人从小就会骑车。而作者编写本书的目的是为了帮助人们将骑行水平提升到另一个高度，同时收获骑行带来的益处。当翻开这本书时，你很可能已经训练了一段时间，或许你一直在试着探索这项运动。但是，可以肯定的是你的目的并不仅限于此，你一定想学习更多的骑行知识、得到更加明确的答案，想通过训练变得更加积极向上，并在实现健身目标的同时真正提高骑行技术。你的这些想法便是作者出版此书的意义。

追求卓越的车手

如果你的时间有限，对一成不变的训练方式心生厌倦，又想获得骑行的最大利益，那么本书就是为你而写的。有些自行车训练方面的书籍所阐述的健身方法是针对准备参加环法自行车大赛的选手的，但实际上，人们还会出于很多不同的目的去关注训练水平和骑行成绩。

本书是为那些渴望提高运动成绩的车手所写的，他们骑上自行车可不只是为了"兜风"。从基础性训练到创建个人训练计划，本书涵盖自行车骑行的方方面面。我知道，每个人的生活都面临着各种压力，琐碎的生活可能随时改变生活的轨迹，因此我才编写了本书，希望能够帮助你始终围绕训练目标进行训练，无论怎样都不会偏离你的目标。

真正的车手都会为自己设定骑行目标。目标使人更加专注，也给人明确的方向。这本书将教你如何通过骑行提高体能水平并挖掘运动潜力。无论你骑上自行车是为了创造完美的个人爬坡纪录，还是为了改善体能，只要有了针对性的训练计划，令人惊叹的进步就指日可待了。

理念、训练科学和提高成绩

本书将为你的骑行训练打下坚实的基础。本书重点介绍训练方法和如何制订训练计划，同时还会提供其他许多方面的重要信息，其中包括自行车装备、合理的骑行姿势和运动量，以及训练理论等。

在科学的训练中，夯实基础会使训练效果事半功倍。本书将阐述训练的基本原理，教你评估、跟踪健身和训练效果。请放心，我绝不会用高深的技术术语让你崩溃，我会用简洁明了的语言解释相关内容，并帮你制订你的专属训练计划。

训练与计划

骑行训练是本书的核心内容，每一章都会专门阐述骑行的某个特定方面，如基础性训练、爬坡、平地阈值训练、计时训练等。在涉及特定内容时，相应章的开头就会提到这种训练在骑行中的重要性，以及它如何与整套训练计划相结合。

这些章节会详细介绍 8 ~ 10 种有趣又有效的练习。每种都会讲到具体技巧，可能涉及操控、训练和骑行。最后，在每章的结尾都会提供训练计划。我希望读者在通读全书并真正使用了这些训练计划后，能够创建属于自己的训练计划，并且所独创的计划要既能充分实现训练效果，又能符合实际训练的需要。

好吧，不再多说，让我们言归正传！

第 1 章

设定自行车健身目标

对许多人而言，骑行意味着享受激情和自由。当你读完这本书后，就会认同这样的感受。自行车运动是一个典型的有氧运动，适合所有年龄段和所有体质的人群。忙完了一天的工作，自行车载着你驰骋于广阔的个人世界，它可以成为一种社交手段，连接起友谊的桥梁，也可以是一把标尺，测量出你的毅力和体能极限。自行车考验你、提升你，并与时间一起见证你取得的进步。

这本书将带领你摆脱令人生厌的训练模式，重新回归骑行的乐趣，收获满满的自信。也许你并不想在环法大赛上一展风采，但你绝不愿意停下追求卓越的脚步，也许你只是希望通过骑行改善健康水平，在训练中提高意志品质，或者只为拥有令人艳羡的体能，这本书将为你勾画出奔向目标的途径。

运动理念和运动科学，这些字眼儿听上去有些"浮夸"，对于如何提高训练效率和效果，似乎我们也知道的够多了，各种信息甚至多到令人困惑。而这本书会让这样的信息更加浅显易懂、容易掌握，方便你在日常训练中加以运用。无论你的骑行目的是什么，都不能脱离日常训练，只有在日常训练中取得一点一滴的进步，才能最终实现这些目标。我们骑上自行车，不仅要享受它所带来的乐趣，还要享受优异成绩带来的成就感。无论如何，我们不能丢掉动力、激情和计划，就算你并非是职业车手也同样可以运用职业车手的训练方式，最终像他们一样通过科学的训练引爆你的能量小宇宙！

训练目标

想让训练更加科学严谨就需要制订相应的计划。其实，每次骑行都算是一次训练，问题是这种随意的运动是有效训练，还是仅仅实现了一点儿健身的目的。如果你是一名新手，刚刚接触这项运动，那么室外骑行就会收到立竿见影的效果，体能水平会显著提高，骑行也会变得更加流畅，整个人都将沐浴在畅快淋漓的动感中，你的身体也会对骑行压力立即做出反应并进行相应的调整。但是，如果你肯花点时间制订一项训练计划，就会发现一切都不一样了，你的战绩会节节攀升，甚至令人难以置信。

这本书要说的就是有效的训练。生活中，大多数人都会被俗事所累，要关心家庭、工作、朋友等，因此，如何充分利用骑行时间，取得时间利益最大化才是问题的关键。

有梦想的车手总会不断提升自己，执着于这项运动，紧盯着目标，绝不轻言放弃。因此，首先你需要知道自己的目标是什么。

骑行的目标是什么？为什么要骑上自行车？是为了健康、为了耍酷，还是为了超越自己？对这些问题，每个人都会给出不同的回答，这些回答才是关键。然后，你要做的就是完成整套训练，完成每一次蹬踏和每一次上坡，还要在周六强行把自己拽出温暖的被窝，骑车上路！

目标总是潜藏着失败的风险，这个法则令人生畏。可是，万无一失的目标意味着它可能是个毫无意义的目标，这本书要讲的不是这样的目标，而是讲述如何从骑行中获得最大收益。说到目标的合理性，要看目标是可能成功还是可能失败。在努力提高训练成绩的同时，你所面临的真正考验是知道其中潜藏着失败的可能，然而，正是这种可能性促使你走向成功。

为确保建立的目标切实可行，在设定目标时要运用四 P 原则，即个性化（Personalized）、积极（Positive）、可感知（Perceivable）和可行性（Possible）。

个性化是指这些目标只针对你个人，只属于你自己。世界上没有人比你更了解自己，你也最明白对自己而言什么最重要，什么是动力的源泉，什么能够带给你无可取代的成就感。

所有目标都应该是积极的，负能量总是令人消沉！迪士尼公司在其经营活动中生动地诠释了这一点。如果你问迪士尼的工作人员他们几点关门，他们会回答："我们一直营业到 8:00。"要知道，你是为了实现某个成果才设定目标的，而不是为了逃避失败，所以，要好好推敲设定目标时使用的字眼，它们要闪耀着积极向上的正能量。

给目标设定一个实在的成果，这样一来，无论是自己还是别人都可以感知这些目标，这样做会使目标更具责任感，更加可靠。

最后，你的目标必须是切实可行且具有挑战性的。当你想到这些目标时，内心要笃定，这些目标完全可以实现，却不一定必须实现，因为目标中存在失败的可能性。这会促使你更加渴望实现它们，于是你就更有动力，在执行训练计划时也更加卖力。

不要以为只有专业车手才需要目标。每个人都需要有目标。要以对待目标的严肃态度对待后续的训练计划。如果每次训练都取得应有的进展，那么实现目标自然水到渠成。训练一般都是从简单的任务开始，但随着一个个记录被打破，难度也将随之增加，你将要面对更加艰苦的训练。在实现终极目标的过程中，要以循序渐进的方式设定单个目标（图 1.1），直至迎来终极目标。

设定目标过程中的四 P 原则

1. 个性化（Personalized）
2. 积极（Positive）
3. 可感知（Perceivable）
4. 可行性（Possible）

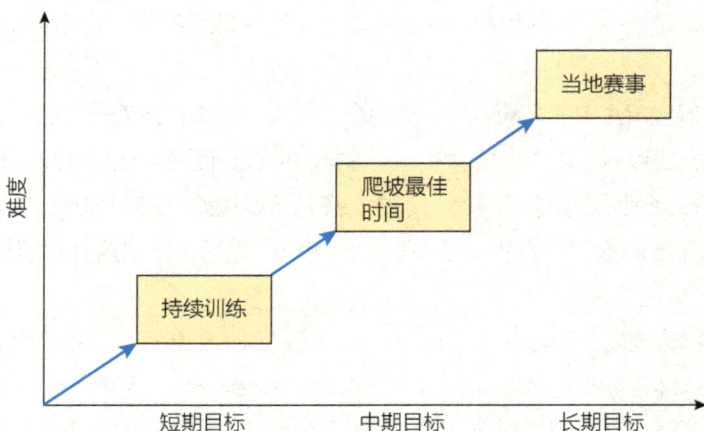

图 1.1　目标进度

　　需要将目标写下来。在短期目标、中期目标和长期目标（图 1.1）的时间框架内注明首要目标和次要目标。再次强调，这些首要目标和次要目标可以包含任何内容。比如，当你无法摆脱对电视的依赖时，想想有什么能刺激你投入训练，然后将它们写下来。实际上这样做是为了把那些无形的动力从大脑中抽离出来，让它们融入真实的世界。

　　训练是承诺、自律和坚持的结合体。它是一种长期而缓慢的磨炼过程，有时你会感觉毫无进展，甚至在倒退，但只要始终坚持执行这份计划，就一定会取得进步。写下的目标是需要攻克的第一座堡垒。

　　目标永远都是训练计划的一部分。每完成一个单独的目标时，你可以为这次的小小成功自我庆祝一下。喜欢摩卡、拿铁什么的，多来一杯犒劳一下自己。完成目标的成就感一旦消退，要立刻写下新的目标，并盯紧它!

RACE

　　我的训练理念包括 4 个基本方面，分别是休息（Rest）、责任感（Accountability）、连续性（Consistency）和效率（Efficiency），RACE 是这一理念的 4 个关键词的首字母（图 1.2）。

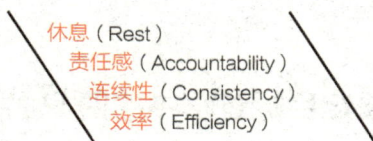

图 1.2　实现目标的关键因素

休息

讨论训练理念却首先说到休息，看似有点儿古怪，但我的确是这么做的。训练期间不能让我们的身体素质迅速提高多少，而积极的休息恢复才会使我们的身体变得更好。休息会让一切都停下来，就是在这期间，线粒体开始生长、血管更新加快、供氧能力更强，也就是说，所有提高骑行速度的因素都在进行优化。

许多车手因为未能让身体充分休息而浪费了训练时的大把汗水。训练就是为了让各项生理机能紧张起来，产生应激反应，以便进行后续的适应性调整。从根本上讲，训练本身会损伤肌肉组织，而这种损伤需要时间治愈，完成治愈才意味着你可以进入下一个阶段。艰苦的骑行过程可能让你历尽千辛万苦，但却不一定换来想要的效果，而那种效果会在完成骑行后才会出现，所以，要花时间休息、放松自己。

第 2 章将告诉你身体如何适应训练。如果训练负荷过高，身体就会进入疲劳状态，或称之为训练过度（overtraning）。在训练中，骑行会对身体产生一定的压力，这种压力会让身体感觉疲劳。如果不给它足够的时间休息，那么疲劳就会占据上风，将训练引向歧途。

责任感

责任感是训练的要素之一，是它让我们能够诚实地面对目标和训练计划。制订切实可行的目标和计划是提升身体素质的开始。要将总体训练计划分解成具体的训练课程和安排，并坚持记录训练日志。通过记录每天的表现，可以跟踪目前处于什么训练水平。同时，通过回顾这份记录，更容易发现优势和不足。但也不必被这些不足所吓倒，要想将这些不足变成优势，就需要在训练过程中进行调整，这样就一定能够实现目标，只是会比预计时间要长一些。

如果你有配偶、教练或志同道合的伙伴，你可以将目标告诉他，让他知道你有多想实现这些目标和计划。一旦你觉得有困难或者感到有些沮丧时，他能够鼓励你并提出建议。如果身边有人知道你的目标，这份自我承诺就会变得更有分量。

连续性

成功是需要持之以恒的。训练需要长期的忘我和自我牺牲精神。体质增强会让体能水平一点一点提升上去，逐步迈向成功，可是只要间断或停止训练，体能水平就开始退步，这是训练的可逆性。训练的难点就是体能水平倒退的速度比提升速度要快得多，因此，停训时间越长，恢复所需要的时间也就越长。

训练的连续性至关重要。也许你对骑行训练下过很大的决心，但是，除非你是职业自行车车手，否则，总是不得不忙于生计，总会有别的事情需要优先处理。如果能够提前知道什么时间会非常忙，就可以有针对性地制订训练计划。例如，可以针对一次大项目期间相对较长的休假或家庭度假的"休息周"制订训练计划。如果意外获得一次长假，则可以充分利用它尽量减少停训损失，哪怕一周训练一次也好过完全停训。如果训练只能暂停也不必灰心，从某种意义上说，这就是生活的真相。只要把目光放得长远，过段时间，你仍然可以再次回到训练轨道上来，只是切记，要坚持把训练损失降到最低。

效率

　　每次骑行都要有目的，这种说法听上去似乎过于功利，但这会有助于充分利用骑行。骑行时要想想除了"兜风"还有什么别的目的。这项运动可以磨炼意志、减轻体重、让人快乐、释放压力，这些都可以成为骑行的理由。在骑行之前、之中和之后有意识地想想这次骑行的目的，你会发现，身体也会给出不同的反应。关注骑行目的有助于强化训练效果。如果你对训练计划不再感兴趣，那就换掉它，因为你必须始终对骑行抱有激情。

　　你可能认为这第一章并不重要，可以轻松略过，后面的章节才是真材实料，实际上并非如此！在训练之前设定目标是极其重要的一个环节。RACE 是各个级别车手都适用的"武功秘籍"，如果认真思考其中的每个关键词，你的训练必会提升到一个新的高度，认真想想 RACE。

充分理解训练理念

车手通过骑行训练磨炼意志、提高速度、增强体质。由于训练负荷会对身体的各个系统产生刺激，因此车手会在训练过程中试图去找到最适合自己的训练，以便取得更好的成绩。

经济学家经常谈到供求和稀缺等经济学基本原理，这些原理决定着各行各业甚至一国的兴衰。对于优秀的车手而言，这些原理同样适用于训练。车手要利用心血管提供的能量为骨骼肌肉系统提供动力。当车手提高运动强度，能量输送无法继续满足运动需求时，就会出现供给不足，车手的生理系统就进入了能力受限状态。

这就是为什么车手需要训练的原因。"更快、更高、更强"是奥林匹克格言。要想获得提升，就需要明白影响训练计划执行的关键因素有哪些。本书并不包含过多的生理学知识，但在这一章中会介绍一些基本生理概念，让你大致了解一些训练计划以外的理论。

适应性

众所周知，训练会提高运动成绩。可是为什么会这样呢？答案就是适应性。人的身体会本能地抵制任何变化。正如牛顿第一定律所揭示的，静止的身体倾向于保持静止，你的身体只想维持现状，生理学称之为"体内平衡"。

从根本上讲，身体的本能是要维持静止和无压力状态，而训练则是要打破静止，颠覆静止。当你开始运动时，就会向身体系统施加一种全新的压力，于是体内拉响了警报，体内平衡受到干扰，这时，身体会尝试跟进并化解这种压力，它要针对这种动态进行调整，以便能在将来更好地适应新增的压力，这一切都需要时间。你的训练就是基于压力和休息的概念，进而产生可以预期的适应性。

图 2.1 展示了身体如何应对训练压力。刚刚对训练压力完成了应激反应后，身体会出现一种疲劳感，但随着身体不断调整，适应水平会快速进入更高层次。等到再次重复相同的运动量，身体就会处于准备就绪状态，这时就不会产生真正的疲劳感，这也意味着体能已经进入一个新水平。

有以下几点需要牢记。首先，不能总是重复同一种练习。如果是这样，身体最终将不再做出应激反应，也就不会产生相应的调整。如果之前你曾在健身房重复进行相同的练习，你会发现，体能水平或生理状态并没有发生根本性变化，这是因为随着时间的推移，重复性练习不再让身体产生应激反应，此时的身体达到了一个相对稳定水平，它已经适应了这种练习，重新建立了稳定状态，因此，要不断改变和更新练习方式。

训练

体内出现训练刺激

调整/过度补偿

平衡

恢复

疲劳

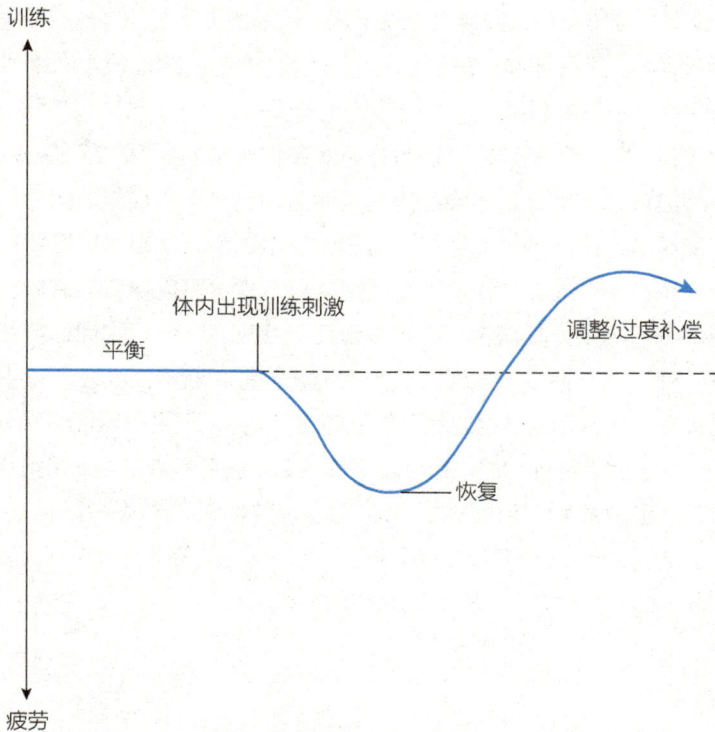

图 2.1　训练、疲劳、适应。在启动训练之前，身体处于本能的休息状态（体内平衡）。训练会导致疲劳，接着就是恢复。但是，这并未结束，为了在将来抵抗这种压力，身体会进行调整或过度补偿，这样就可以提高体能水平

其次是要给身体一定的时间进行调整，因为身体需要休息。在第 1 章中，在解释 RACE 训练理念时最先提到了休息，就是说不要过度锻炼。切记，整个的锻炼过程身体并不进行适应性调整，而是在锻炼过后才进行调整。如果一直不断地施加压力，身体则无暇调整，导致疲劳和过度训练。

这被称为"一般性适应综合征"（GAS），它由以下 3 个阶段组成。

1. 应激反应阶段。

2. 适应性变化阶段。

3. 过度疲劳阶段。

训练时，身体最理想的状态是始终在第一阶段（应激反应阶段）和第二阶段（适应性变化阶段）之间来回反弹，这样会使训练水平和运动成绩快速提升。可是，如果过度运动或训练强度不合理，身体就会进入过度疲劳阶段。

训练负荷的刺激就好比制作烤棉花糖的火焰。慢慢地逐渐加大火势，棉花糖就会随

之逐渐变柔、变色，非常可口。如果火势过于猛烈，温度上升过快，棉花糖就会被烧焦，化为灰烬（图2.2）。只有准确合理的训练量才会获得想要的效果，训练量过大会使人不堪重负，产生过犹不及的后果。

如何避免过度训练呢？最好的办法就是听从身体发出的信息。经过一轮针对性训练（通常是有计划的训练周期），你会感觉有些疲劳，这是正常现象。但是，在进入下个训练阶段时，如果这种疲劳感仍然存在，就应该暂停训练，让自己好好休息一段时间，也许是一两天，也许是一周。训练日志（请阅读第 5 章）可以帮助你监控训练过程和感受疲劳程度。训练日志是一大法宝，它可以帮助你始终清晰地跟踪训练负荷，评估疲劳程度是否合理。有了它，你还可以回顾已经完成的训练，看看自己在骑行中表现如何，成绩是否倒退？身体是否比以前更疲劳？是否感觉有些骑行比以前更难了？

在执行一份合理的训练计划时，车手始终在压力、疲劳和恢复之间保持平衡。前面曾提到，真正的调整是在休息阶段进行的，而不是在训练期间。完成一项训练任务后，一定要保证有足够的恢复时间。训练计划是否合理取决于训练负荷是否合理，负荷是否合理，身体会给出答案，因此，要始终听从身体发出的信息。

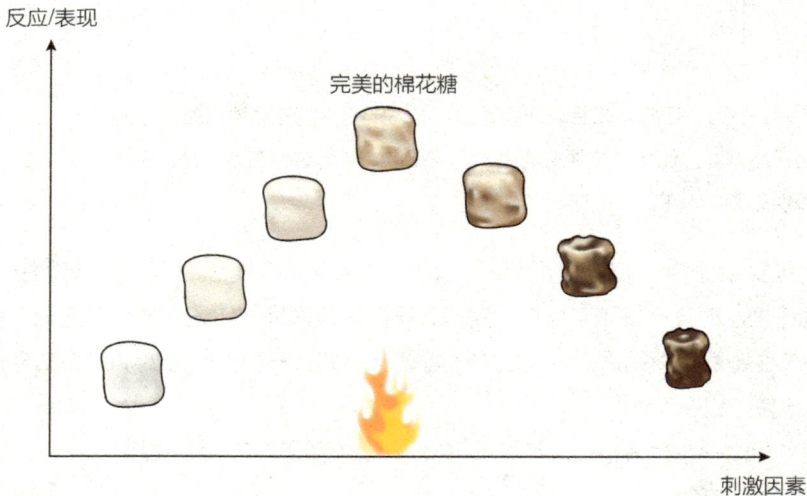

图 2.2　棉花糖：训练负荷的刺激－反应模式

插图根据艾伦·利姆博士的观点绘制

身体进入过度疲劳阶段可能是因为压力过大，也可能是因为休息不足，或者两者兼而有之。聪明的做法是根据感知到的体能水平和疲劳程度对训练计划做出适度调整。

过度训练

以下现象表明身体已经处于过度训练或疲劳状态。

- 骑行成绩持续不佳。
- 睡眠不好。
- 肌肉持续疼痛或经常发生肌肉痉挛。
- 早晨或常规骑行中有心跳加速现象。
- 焦虑或精神不佳。

循序渐进

训练的主要目标是为了取得进步。每个训练日都要在之前水平的基础上有所提升。每天的进步构成了整个训练过程，就像搭建乐高积木，总是要一层一层叠加，才能最终建成宏伟的建筑。训练计划就如同建筑的楼梯，每建完一阶就意味着离最终目标又近了一步。

根据 GAS 模式，可以将压力和训练结合起来，等待身体变得适应。训练期间，身体会一直在应激反应阶段和适应性变化阶段之间来回波动。渐渐地，你会发现自己已经能够化解越来越多的压力，你会为此感到开心。翻看训练日志时，你还会发现，各项指标也在不断提升，这说明身体正在变得更加强壮，你由此登上了一个新的平台，那将是一个新的起点。

需要提醒你的是，取得进步与系统的训练密切相关。只有渐进式的训练方法才会产生最长效的收益。这种方式同样有助于强化身体内部各个系统，同时也会避免受伤。千万不要成为"周末勇士"，不要在没有打好体能基础的情况下疯狂进行大运动量训练。不要因为突然有了时间或者出于愧疚，就利用一天时间弥补一周或者一个月的运动量。有耐心才会有好的成绩，要记住，循序渐进才是正道。取得的进步实际上是对之前的基础的累加（图2.3）。没有敬业精神和时间的投入就不可能最终获得优秀的体能和优异的成绩。

图 2.3　渐进式是指一种阶梯模式

针对性

　　每项运动都要求选手具备相应的素质。显而易见，即使奥运会举重选手也无法赢得环意大利自行车赛的桂冠，而自行车选手往往都不擅长举重，也就是说，你要根据自身条件选择不同的运动方向。不同的耐力运动项目之间的确存在交集，但是，如果你只想成为优秀的自行车车手，去创造令人仰慕的骑行成绩，那么你必须进行专门的自行车训练。成为最佳车手意味着要在自行车上度过大量时间，对于车手而言，没有什么能够取代你的骑行训练的时间。某项运动产生的压力以及适应性和生理反应取决于这项特定的运动本身，自行车运动的压力和适应性反应也有自己的特点。

　　想在某个领域有所建树，就必须针对这个领域进行专门练习，而且只能如此，别无选择。因此，你的每一次骑行都要关注形体、踏频、姿势和体能，这就是在顺应自行车运动的要求。

　　许多车手会在非赛季进行交叉训练，这种做法是对骑行训练的有益补充。进行其他体育项目的训练也有助于提高自行车成绩，但效果并不明显。如果你时间不多又热衷于自行车运动，则应该将主要精力投入到自行车的专项训练中，不走"旁门左道"，这就是针对性的真谛。

个性化

　　无论是生活中还是运动中，每个人都是独一无二的，一种训练方式可能对这个车手奏效对另一个人则不然。每个人对一个既定运动量的反应也都不相同。这种现象是由多种因素决定的，包括生理条件、疲劳程度以及生活压力等。而你的训练只为一个人，那就是你自己！人们应对压力的方式千差万别，每个人的能力也各有不同，正因为如此，制订一份属于自己的合理的训练计划可能既充满挑战性又充满乐趣。

其实，就算世界级车手也无法精准把控训练强度以便取得预期的适应性。每一年，车手们都渴望登上环法自行车赛的领奖台，但是他们很难准确地调整时间，确保自己在 7 月份的 3 周达到体能巅峰，哪怕是最聪明、比赛经验最丰富的职业选手也是如此。因此你会看到，一位优秀的车手可能在某一年取得优异成绩，而下一年的表现却差强人意。

世界上只有你最了解自己，最清楚训练的效果。你要和身体的感觉保持一致，完成练习后要与身体对话，认真领会它传给你的信息。培养这种超能力需要时间和实践。需要再次强调的是，翔实的训练日志会帮你了解身体在应对不同运动量和压力时做出的反应。

书中所说的制订训练计划只是一个起点，而随着训练的深入进行，你仍然需要对训练内容进行调整，让它更适合自身条件。合理的训练计划都是因人而异的，是完全针对车手个人的优势和劣势制订的。

能量

想到身体，特别是想到肌肉骨骼系统时，你可以将它视为需要燃料的发动机。而你吃进去的每一口食物都是燃料源。碳水化合物、脂肪和蛋白质为身体运转提供所需能量。虽然人类的生理学仍然有太多未解之谜，但根据运动强度选择能量源则是一贯的原则。也就是说，根据运动对营养的实际要求来选择。碳水化合物是从中等强度运动到高强度运动最有效的能量源，而脂肪则是低强度运动时的主要能量源。健身房的运动器械上常常贴有标签，说明这一器械的运动强度为"脂肪燃烧区"或"碳水化合物燃烧区"（详见"骑行减肥"部分）。

碳水化合物以糖原的形式储存于人体内，但在运动时，碳水化合物的能量消耗有限。要想燃烧这种储存的能量，至少要活动 1 ~ 2 小时。另外，大多数人的脂肪储备都很充足，这一点甚至令人烦恼，但这不一定是坏事，当车手需要能量储备来支持数小时的运动时，脂肪可以担此大任。

无论燃烧的是碳水化合物、脂肪还是蛋白质，它们都被转化成人体内通用的普通能量——三磷酸腺苷（ATP）。车手在骑行过程中，ATP 向基础细胞输送能量，直至负重肌肉组织能完成其工作。但是，ATP 不易在体内储存，而是在需要时实时产生。

在运动过程中，肌肉组织发生两种类型的新陈代谢，一种产生能量相对较慢（慢速代谢），需要氧气（有氧代谢）才能完成，而另一种代谢以相对较快的速度产生能量（快速代谢），不需要氧气（无氧代谢）就能完成。但这并非是说氧气的存在与否控制着能量通道，而是两个系统总是同时工作，共同为肌肉创造能量。因为每个通道产生能量的速度不一致，当运动形式发生变化时，代谢方式的能量输送速度也随之改变。不同的运动形式会对某一个系统产生更大的依赖。慢速至中速骑行时，大部分能量来源于有氧代谢或慢速代谢，而需要爆发力时，大部分能量来自无氧代谢或快速代谢。

在有氧代谢过程中，心血管系统对肺中的血液进行氧化并将富氧血泵入身体，为产生 ATP 提供氧气。这种情况通常发生在低强度运动阶段，氧气需求与供给保持平衡。

无氧代谢或是创造无氧 ATP 的情况发生在两种不同的生理系统中，它们是磷酸原系统和糖酵解系统。磷酸原系统可以提供维持体能峰值突降前 10 秒左右的能量，而糖酵解系统的动力持续时间稍长，但也无法与有氧系统相提并论。糖酵解系统产生的 ATP 仅能维持几分钟的动力时间，而它所产生的高能量需要付出更大代价，通常你会立刻感受到这种来势汹汹的能量，但过不了多久你便会感觉到烧灼、疼痛，不得不急促地呼吸，然后被迫降低发力水平。

你可能想知道为什么乳酸会一下子涌上来。过去，乳酸曾用于量化无氧代谢，特别是糖酵解，但科学的进步在这一领域有了新的发现，我们会在第 3 章进行讨论。

营养

如果你非常在意训练和骑行成绩，就必须同样在意自己的饮食。健康饮食可以确保身体在训练和恢复期间得到最佳的能量和营养。

健康的生活和优异的成绩总是相辅相成的。营养这个词经常令人有些不知所措，花样百出的饮食计划也不一定能够轻松解决问题。本书不是一本营养学方面的书籍，所以，如果你还有许多关于营养方面的疑问，建议你去阅读一些专门的运动营养学书籍，或者请教营养学专家。

前面我们谈到了能量和燃料。吃得好就补得好，所以一定要选择优质的食物，你要把自己的身体想象成一部高级运动跑车，不要给它加低级的无铅汽油！

食物包括碳水化合物、脂肪和蛋白质，这些用于制造前面说过的能量。合理的饮食计划要考虑从各种食物中吸收的热量与身体所要消耗的热量之间的平衡。马修·雷宾博士是我的朋友和同事，他为自行车运动的合理营养提供了一些指导性建议（详见后文）。雷宾博士是颈椎按摩师，也是营养学专家，我曾与他一起在 Slipstream 车队共事过。

自行车运动的营养建议

马修·雷宾博士

如果你正在进行训练或比赛，那么补充营养的方式是至关重要的。刚开始接触这个领域时必须首先了解能量的基本原理。

食物就是燃料，它分成碳水化合物、脂肪和蛋白质。我们将重点关注碳水化合物，因为它是进行耐力运动时身体使用最多的燃料。

每日的碳水化合物摄入量应基于特定的训练需要。有 3 个显著的时间点需要摄入碳水化合物：骑行前、骑行中和骑行后。如果训练量处于中等水平，可利用下列信息掌握需要消耗的碳水化合物基本量。目前，人们已经不再使用百分比测量摄入食物的营养量，这种方式不仅不易掌握，还无法取得详细的信息，而下面这些方法有很多优点，也容易操作。

碳水化合物的日常摄入

每千克体重每天消耗 5 ~ 7 克碳水化合物。这个摄入量可以保证肌肉糖原储存维持在最佳水平。碳水化合物的摄入总量应分散于日常饮食计划中。例如，如果体重为 70 千克，那么一天当中应该摄入的碳水化合物总量应该在 350 ~ 490 克。

骑行前的碳水化合物摄入

如果是一次计划好的艰苦训练，那么进食时间的选择尤为重要。你要做好充足的准备，确保身体可以提供源源不断的能量来支撑这次训练。

骑行开始之前的 1 ~ 4 小时，每千克体重会消耗 1 ~ 3 克碳水化合物。

骑行中的碳水化合物摄入

如果骑行时间最多进行一个小时，则无须在骑行中进食。如果是要进行中高强度的骑行，时间超过一小时，那就需要在骑行中每小时摄入 30 ~ 60 克碳水化合物，这样可以保持良好的体能储备，且身体能够充分消耗这个量。除此之外，你需要学会如何在自行车上进食，知道在骑行时哪些食物便于食用。在骑行中，运动食品和凝胶是不错的选择，而且方便计算碳水化合物摄入量。

骑行后的碳水化合物摄入

骑行结束后，你仍有机会将肌肉糖原的储备调整到最佳水平。最近，专家建议在结束骑行后 45 分钟内进行恢复性进食。

每千克体重摄入 1 克碳水化合物，这个值最适合恢复期。同时提示，摄入 20 克精益蛋白质更加有助于恢复。

© 马修·雷宾博士授权使用

所有营养都可源于日常饮食。目前，市场上出现了各种运动食品、凝胶和能量棒，你可以轻松找到运动辅食，并准确计算出骑行中可以摄入的碳水化合物总量。选择食物已经成为有趣又富有创意的事。合理选择训练期间的膳食要切记上述几条原则。

除了那几点原则以外还有一条通用法则：尽量选择"副食店边上的食物"。一般而言，副食店四周往往摆放着新鲜的未加工的食物，比如精肉、鱼类、不饱和脂肪和复合性碳水化合物（比如全麸谷类和糙米），这些可以为身体提供热量、纤维、维生素和矿物质，有助于提高训练效率。另外，对于如何制订合理的膳食计划，我再给出如下几点提示。

- 选择水果、蔬菜、蛋白质、全麸谷类和必要的各种油脂类食品。
- 避开过度提纯和精加工食品。
- 避开软饮料、酒精和快餐食品。
- 少食多餐要好于一顿或两顿大量进食。

最近几年，媒体对碳水化合物的介绍铺天盖地，许多膳食计划都将它视为"敌人"。但是，要知道，碳水化合物（和作为碳水化合物储存形式的糖原）在长期体育运动中发挥着重要作用，它是肌肉组织的主要能量源。如果你的训练目标是提高成绩而不是降低体重，而且训练量又很大，那么饮食清单必须包含碳水化合物。有些碳水化合物比另一些更好，请看下列对比分类清单。

好的：	不好的：
水果蔬菜	细粮（白面包、白米）
豆类	精加工食品（蛋糕、饼干、薯片）
植物坚果	软饮料
全麦面包、谷类食物	糖果
	酒精

骑行减肥

骑自行车是非常有效的减肥方法。无论流行的节食计划包括哪些内容，有效的减肥计划必须包含两个重要因素：体育锻炼和合理饮食。减肥期间，摄入热量必须低于消耗热量。减肥是个复杂的问题，但答案非常简单：

热量摄入 < 热量消耗

的确如此！减肥很难，你必须遵循那些训练原则，坚持不懈、始终如一。改变基础体重就像小舵转大船，需要花些时间让船体对转向做出反应，但你要相信，一定会有改变，只是需要耐心。

有些自行车车手只想在"脂肪燃烧区"骑行，这种做法并不妥当。减肥就是要燃烧脂肪，骑得越累，燃烧越快，如果时间有限又想充分锻炼达到最佳减肥效果，就要骑得越快越好。

骑自行车是燃烧脂肪的最佳方式之一，但燃烧脂肪可不是它的唯一贡献。骑行可以降低血压、锻炼肌肉、提高心血管功能，同时还能带你重温年少的美好时光：呼啸着冲下坡道，体验风驰电掣的快感。

骑行有多种强度等级，你可以根据自身条件选择最适合的强度，也可以选择在室内或室外骑行。另外，骑行不会对肌肉、关节和肌腱造成过大压力。骑行一段时间你就会发现，这项运动特别有助于恢复体型。

自行车减肥具有以下优点。

- 利用大肌肉群燃烧脂肪。
- 可轻松调节运动强度。
- 低冲击力、非负重。
- 不受年龄限制。

水合作用

水合作用是成功的关键因素。也许你的整个非赛季的训练效果都无懈可击，正以巅峰状态迎接终点，但是，如果出现脱水，那么所有艰苦努力都会付之东流。避免脱水看似简单但却大有学问。因脱水使体重降低 1% 就会明显影响体能，而体重降低达 2% ~ 4% 时则更加明显，这时的心血管和体温调节功能都会发生显著变化。

车手的排汗速度和汗液中的钠浓度会因为具体情况出现很大的差异。寒冷天气时，有些车手每小时排汗量少至 200 毫升，而天气炎热时，有些人每小时的排汗可能超过 2 升，汗液中的钠流失程度也有很大差别，每升汗液流失 400 ~ 1200 毫克不等。想象一下，如果进行长时间运动，流失的汗水超过 5 升，那就相当于可能流失了将近 6000 毫克钠。这些数字表明，避免水和钠流失过快是一项重要任务。

每个人的排汗量差异很大，没有简单的公式或办法可以帮助车手更加合理地保持正常的水合作用，但即便如此仍有一些原则可以遵循，比如，水合过度比水合不足要好。摄入配比合理的液体和电解质后就不必再担心白开水造成的水合过度所产生的副作用了。你要知道，不论你有多大的决心要进行多么艰苦的训练，或者你的身体有多么健康，只要不能在运动过程中实现简单的水合，那么换来的只会是效率低下、成绩不佳。

水合应该成为你的一种本能，要让它形成生物钟，它会提醒你抓起水杯。一般而言，每隔 15 分钟要补水一次，每小时喝光一杯水，如果天气炎热或者处于高强度骑行时，一定要加大饮水量，每小时要喝两杯水。大赛期间，比如环法自行车赛和环意自行车赛时，车手经常会每小时喝光三四杯水，甚至更多。

训练前、训练中和训练后都需要饮用液体补充流失的体液，需要补充糖、钠、镁和钙等成分。市面上有些饮料可以补充这些成分，其中有些饮料的口味很好，特别是进行艰苦训练时，你可以尝尝这些饮料，找到适合自己的口味。Skratch 实验室研发出一种配方非常科学的饮料，完全可以取代高强度训练时人体所需的液体和电解质，这种叫 Skratch 的运动补水剂是由我的好朋友艾伦·利姆士研制的，他是著名的营养学家。

观察水合水平的简单方法就是关注体重。通过骑行前和骑行后的体重对比可以轻松得出整个过程的体液流失情况。另一种方法更加直观，就是观察尿液的颜色和小便次数。如果尿液开始变少，表明身体正在逼近极限。如果尿液颜色变深，可能意味着钠浓度过高，但是要记住，补充维生素也会导致尿液颜色加深。

口渴是水合需要的事后反应。在感觉口渴时，说明你的身体已经出现水合失调。切记要早喝常喝，不要等着一同训练的小伙伴们喝水时才想起来喝水，而是要成为第一个拿起水瓶喝水的人，这是避免毁掉运动成绩的简单有效的预防措施。

这一章提供了一些有助于提高训练水平的通用的指导性理念。训练的目标就是要用"完美"的训练量换取最合理的适应性，从而不断取得进步。切记，不要过度消耗自己。如果你想把自己打造成最优秀的车手，就必须在实际骑行训练中投入大量的时间。你要认真衡量自己的体能，进行有针对性的训练，直至实现目标。不要盲从某个伙伴的计划，那是他的计划，不一定适合你。最后要切记，时刻关注饮食和水合状态，

低钠血症

艾伦·利姆博士

汗液中含有水、钠、钾、镁、钙和氯等电解质。在这些电解质中，钠对维持人体正常功能最为重要。体内钠浓度降低可能导致许多问题，包括精神不振、恶心、头痛、易怒、呕吐、无力、肌肉麻痹、痉挛、休克，甚至在极少数情况下会导致死亡。血液中出现钠浓度低的现象被称之为"低钠血症"，车手大量出汗却只喝白水时就有可能发生低钠血症。因为汗液中既含水分也含钠，只补充水分却没有补充钠就会导致体内钠成分被稀释。

运动饮料主要是为了补充汗液中流失的钠，但是大部分运动饮料含糖量偏高，含钠不足。在流失的汗水中，半升含有 200 ~ 500 毫克钠，而大部分的半升装运动饮料只含 50 ~ 200 毫克钠。因此，要饮用钠含量至少为 300 毫克而糖含量低于 20 克的半升装运动饮料，这才是专为体育运动设计的运动饮料，而不是看电视时喝的那种休闲饮料。总之，如果找不到钠含量充足的运动饮料，则需要保证在训练期间的食物摄入中摄取充足的盐分。

这是身体机能运转和能量补给的基石。进入下一章时不要将这些概念弃之脑后：优质的燃料会为你输送优质的能量，没有它们，潜能永远只是潜能，不会成为真正可以爆发的能量。

第 3 章

自行车体能测试

你之所以阅读这本书，一定是希望它能够帮你提高成绩。骑行的速度和耐力与车手的意志力、体能和明智的训练计划密切相关。高效的训练从不浪费每一分钟的骑行，而有效的训练则是指你制订的训练计划完全基于目前的体能水平，同时又能实现终极目标，是体能与目标的合理结合。因此，你要清楚自己的体能水平，有哪些天赋或潜能，打算如何通过训练来改变内在的生理功能。那好，我们现在就直奔主题。

　　训练的目的是让能量发挥最大功效，在训练中有两点需要注意：第一，你要让自己变成大型的"发动机"，这样才能产生更大马力；第二，要努力提高训练效率，从定量的"燃料"中获取更多动力，将动力损失降到最低。人们花心思制订训练计划就是为实现这两个目的。当然，有些人极有天赋，比如泰勒·菲尼或泰勒·法勒，他们是天生的高效发动机，而绝大多数人就如你我一样，只配有普通发动机。好在无论是高效发动机还是普通发动机，它们的工作原理都是一样的，因此，无论你属于哪种发动机，合理的训练与后续适应性都可能带领你登顶自身的潜能高峰。

　　本章将帮你了解和评估自己的体能水平和潜能。我们从解释什么是最大运动能力（最大摄氧量、最大心率、最大功率）开始，然后再进一步了解几个与维持体能相关的概念（LTHR 和 LT Power）。一旦了解了如何测量和定位自己的体能，我们就可以进入乐趣无穷的实训阶段了！

最大运动能力

　　我们从最大摄氧量（$\dot{V}O_2\,max$）说起。最大摄氧量是指身体实现最大可持续动力输出所需的最高氧气摄入量。基于不同的个体的功能性差异，肺部的供氧能力和心血管系统输氧能力会有一个最大值，这二者称为供方，而肌肉和组织在任何给定时间段内能够消耗的氧气总量则是最大耗氧量，它们是需方。供需双方都能影响氧的最高使用量，而对于大多数车手来说，最大摄氧量更具约束力。

　　但是不必被这些细节所累，总的规律就是人体在运动过程中吸入的空气向肌肉细胞提供氧，细胞中的线粒体产生 ATP，它为肌肉提供动力，因此，氧气越多，动力越足。

　　我们都想拥有更高的最大摄氧量，但是现实很残酷，因为最大摄氧量很大程度上是由遗传基因决定的（但也并非完全如此）。世界上只有几个像格雷格·莱蒙德和埃迪·墨克斯这样的天才，他们拥有惊人的摄氧量。也许你的父母都是耐力惊人的车手，但是如果不是这样的，也有胜出的可能。因为，最大摄氧量只是造就伟大车手的秘密之一。我相信，你应该具有一定的摄氧量基础，这样才有机会成为职业车手，但多数人并不甘于只实现这个目标，他们希望经过完善的训练和准备工作，将自身能力发挥到极致。当你向着这一目标前进时，乳酸阈、适当的峰值、营养和战术将共同发挥作用，摄氧量不是唯一的获胜因素。

虽然遗传基因非常重要，但你仍然可以通过训练提高自己的最大摄氧量。训练能够创造奇迹。有些车手是摄氧量训练的"有效响应器"，也就是说，他们的确可以通过训练显著提高最大摄氧量，但是，"摄氧迟钝者"也可以通过一个良好的周期化训练适当地提高最大摄氧量。

真正的最大摄氧量是一种实验室测得的数据，即便你从来没有想过要对这一方面进行测试，但是，认真了解哪些因素会影响到最大摄氧量也还是会对提高训练效率起到决定性帮助。现在我们看一下测试过程。

在实验室中，车手要进行一项分级运动测试（在此案例中是骑自行车进行测试），使用一套装置将车手连接到呼吸机和计算机上（图 3.1）。在这套设置中，车手很像在训练台上进行训练，他们会佩戴呼吸面罩。车手在规定时间段内逐渐增加运动强度，直到筋疲力尽，"发动机爆表"，这时车手实在无法维系这一速度，只好降速。

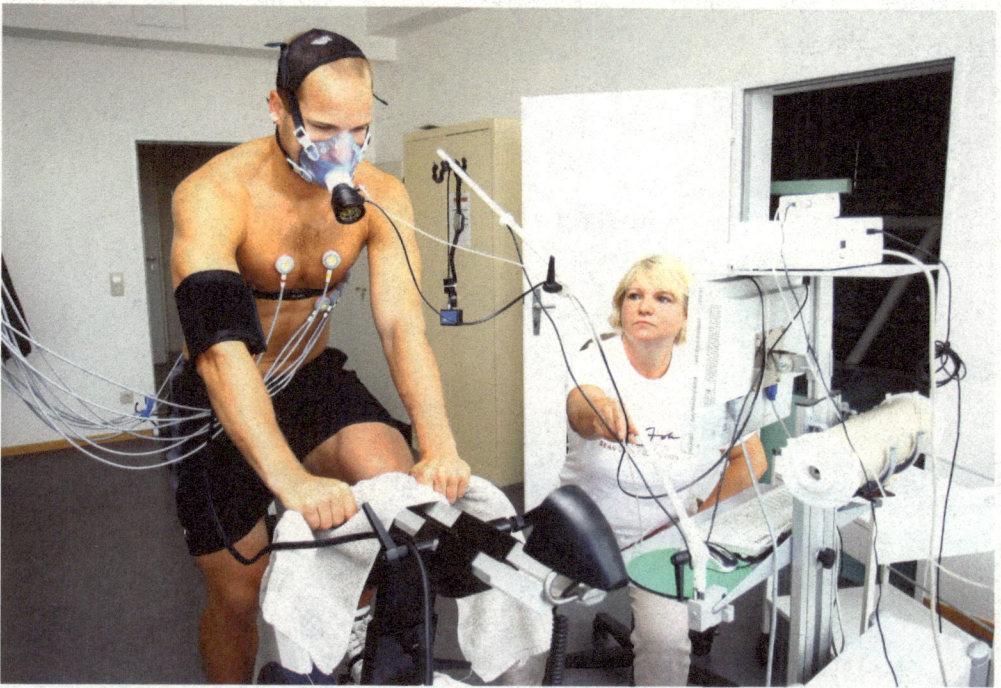

图 3.1　最大摄氧量测试。自行车车手进行分级压力测试，同时由计算机计算出耗氧量

照片 /ZUMA 出版社

虐待狂可能对这一幕感到满意，他们非常乐意看到有人经历这些残酷的测试过程。测试中，一位无辜的运动员会慢慢进入痛苦不堪的境地。一度逍遥自在的骑行渐渐变成酷刑般的挣扎。但这一切就为看到车手在力竭时能够吸进肺部的空气量，也就是吸入的氧气量。

通过计算吸入和呼出的空气量，计算机能够计算出身体的用氧量。如果喜欢数学，你可以看看图 3.2 的菲克方程，如果数学是你的噩梦，并且会使你产生莫名的焦虑，那就直接无视它好了。

氧气的消耗会随着运动强度呈线性增长，直至身体达到负荷极限。此时，身体再也无法消耗更多的氧气，耗氧水平保持不动，最终，因为不得不降低运动强度，氧气的消耗会向相反方向滑落。

最大摄氧量有两种表述方式：一种为最大摄氧量绝对值（升 / 分），一般情况下，男人的最大摄氧量绝对值为 3.0 ~ 6.0 升 / 分，女人的最大摄氧量绝对值为 2.5 ~ 5.0 升 / 分；第二种被称为最大摄氧量相对值（按每千克体重每分钟耗氧量计算的最大摄氧量），基本上在 26 ~ 96 毫升 / 千克 / 分。还记得你的自然科学课吗？测量单位非常重要。请注意，在相对值中会涉及体重，而绝对值则不涉及体重。在这两个值的测试中，同一名车手会有非常不同的测量结果。

动脉
氧含量

$$最大摄氧量 = Q\,(\,C_aO_2 - C_vO_2\,)$$

心输出量　　　　静脉
　　　　　　　　氧含量

图 3.2　菲克方程

关于最大摄氧量

- 男子最佳：96 毫升 / 千克 / 分
- 女子最佳：78.6 毫升 / 千克 / 分
- 纯种赛马：200 毫升 / 千克 / 分
- 雪橇狗：300 毫升 / 千克 / 分

表 3.1 可以帮你确定目前自身摄氧量水平。未接受训练的男性最大摄氧量平均值大概为 45 毫升 / 千克 / 分（3.5 升 / 分）；未接受训练的女性最大摄氧量平均值为 38 毫升 / 千克 / 分（2.0 升 / 分）。受过良好训练的大学生自行车车手的最大摄氧量可达到 70 毫升 / 千克 / 分。据报道，格雷格·莱蒙德的最大摄氧量为 92.5 毫升 / 千克 / 分。比约恩·戴利是来自挪威的伟大的越野滑雪者，据报道，他的最大摄氧量为 96 毫升 / 千克 / 分。

也许你已经得出一个如何增加最大摄氧量相对值的简单结论，那就是进行训练，通过训练不仅能减轻体重，还能突然打破原有的体能极限（一定要确定使用的是最大摄氧量相对值，而不是绝对值）！

表 3.1　如何衡量最大摄氧量水平

年龄	男性		女性	
	最佳	平均	最佳	平均
20 ~ 25	>60	42 ~ 47	>56	38 ~ 41
26 ~ 35	>55	40 ~ 42	>52	35 ~ 38
36 ~ 45	>51	35 ~ 38	>45	31 ~ 33
46 ~ 55	>45	32 ~ 35	>40	28 ~ 30
56+	>41	30 ~ 32	>37	25 ~ 27

注：最大摄氧量单位为毫升 / 千克 / 分

最大心率（MHR）

如何将最大摄氧量与训练相结合呢？当然，数字本身并不能产生什么实际的用处。专业团队往往将车手的最大摄氧量纳入选拔测试，用来检验车手是否具备职业水平竞争的基本能力，但在日常训练中，他们并不将最大摄氧量视为一项必需的常规检测。而对于追求卓越的车手而言，了解最大摄氧量背后蕴藏的生理学知识，有助于他们理解为什么最大心率会成为计算体能极限的另一个有效且实用的数据。

最大摄氧量的确可以直接测定体能的极限，而最大心率可以提供体能极限的间接数据或者给出预测依据。有些算式可以根据静息心率和最大心率计算出最大摄氧量近似值，因此最大心率可以成为替代数值。在现实训练中，很难在公路骑行时对车手的最大摄氧量进行监测，因此最大心率成为一个很好的替代选项。尽管有生理学家认为最大心率并非是检验最大摄氧量水平的最佳途径，但可以用它有效估算车手的体能极限，还可以利用这一数值自行检验进步程度和体能状态。

在第 4 章中，我们将学习如何基于最大心率的百分比来进行训练，但是，首先要知道确定个人最大心率水平的一些步骤。图 3.3 展示了如何知道自己的最大心率，有两种方法可供参考，第一种方法是利用公式计算出最大心率，第二种方法是在公路骑行过程中得到最大心率。

最大功率

如果你有功率计，那么可以用最大功率来指导和跟踪训练，有些人根据最大功率的百分比来确定训练强度。

职业车手早在 20 世纪 80 年代就开始使用功率计。由于功率计的成本不断下降，且其可靠性不断提高，因此这种仪表逐渐得到普及。用功率计可以测得曲轴、中轴和后轴的扭矩。功率计还可以直接检验运动成绩，直观地了解骑行中的真实表现，因此它被视为非常有用的训练工具。功率计和心率监测器的功能不同，人们通过心率监测器间接评估运动成绩，两者之间的不同就像测量汽车发动机温度和测量驱动轴扭矩一样，一种为直接手段，另一种为间接手段。

如果你没有功率计，也不必担心，它的确比较昂贵。职业车手往往能够充分利用获得的所有信息，这些信息来自心率监测器、功率计和主观体力感知（会在第 4 章进行讨论）。你还可以使用其中任意一种仪器或结合使用几种仪器来跟踪训练过程。

了解最大心率和最大功率对于训练来讲十分重要，但最好的方式仍然是根据持续运动表现进行训练，我们会在下节对此进行讨论。

图 3.4 提供了获得自身最大功率的步骤。也许你认为可以同时测得最大心率和最大功率，其实不然。想要知道最大心率还需要对心脏进行一次严峻的考验，因为你需要一次全力冲刺。这个冲刺可以在平地或坡道进行，但不能选择陡坡，陡坡无法确保精确测量所需的踏频。

计算方法

有许多根据年龄计算最大心率的公式。显然，相同年龄的个体之间仍然存在很大差异，因此公式计算法只提供了一种粗略的近似值，这里有一个最简单、最常见的算式：

$$最大心率 = 220 - 年龄$$

目前，还没有被普遍认可的最佳公式，无数科学家都在努力尝试提供更好的数学表达式，这些算式往往各具特色，但是在现实中，每种算式得出的结论都只能作为训练的初级数据。不过，下面这个方法则更加个性化。

测量方法

与计算方法相比，这种方法得出的结论更加准确。你最好能在测试中佩戴一个心率监测器，但是，如果手边没有心率监测器，也可以运用这种方法，只是需要手动测量脉搏。

这项测试需要在家用训练台上或恒定坡度的路面上进行，恒定坡度是指水平路面或者坡度均匀平缓的上坡路面。测试前 2 ~ 3 小时进食，准备好所需的设备，做好艰苦骑行的心理准备。完成 15 ~ 20 分钟热身后，按下列步骤开始测试。

1. 中速起步，这样会感觉比较舒服，但带有明显呼吸。如果整个测试设为 1 ~ 10 级，10 为最高级的话，这时你处于 5 ~ 6 级水平。
2. 每分钟提速。
3. 如有必要，可以切换强度，但不可猛然升级（要用下肢速度逐渐带动心率）。
4. 用力，然后再用力。
5. 在力竭时，记下心率值。
   - 心率监测器：按下记录按钮读取读数。
   - 手动测量脉搏：立即停下，然后测量桡动脉脉搏 15 秒。用脉搏数乘以 4（因为动作有停顿，所以测得数字可能比实际最大心率稍微低一些）。
6. 30 分钟后再以相同的步骤进行测量。
7. 两次测量结果中较高的那个值就是你的最大心率。

图 3.3　测量最大心率

功率计与心率监测器

功率计	心率监测器
实时	延迟
测量实际体能	测量后期生理反应
直接用于量化训练负荷	通过心率区间用时间量化训练负荷
相对昂贵	相对便宜

这项测试需要使用功率计，而且不能在室内训练台上进行，要到开放性的公路上进行。

测试之前，需要确认使用的功率计具有你要使用的功能，能够存储数据，以便确认最大力量时的功率。

找一段笔直的路线，可以是水平路面或缓坡（以车辆较少为宜）。测试前 2 ~ 3 小时进食，准备好设备，做好艰苦骑行的心理准备。完成 15 ~ 20 分钟热身后，按下列步骤开始测试。

1. 做两次间歇骑行，每次持续 1 分钟。
2. 以轻松踏频骑行 5 分钟。
3. 在笔直的路段骑行，从前轮大齿盘开始，慢慢加速，蹬车速度维持在 80 ~ 100 转 / 分。
4. 继续切换到后轮更小（更费力）齿盘，不断提速直至冲刺速度，可能需要 30 秒达到最快速度。
5. 冲刺至少维持 3 秒。
6. 缓慢降速，恢复轻松骑行 5 ~ 10 分钟。
7. 再次重复测试。
8. 最大数字就是你的最大功率。

图 3.4　测量最大功率

持续运动表现

到目前为止，我们已经讨论了关系到体能极限或最大潜力的参数：最大摄氧量和最大心率。最大摄氧量是车手运动能力的极限，最大心率提供简单的训练测试值和近似值。最大功率，顾名思义，它是指在体力最佳和用力最大时可以驱动自身曲轴的扭矩。最大心率和最大功率都为你提供在公路骑行中可以加以利用的实际测量数据，而最大摄氧量会为你提供一种实验室产生的生理测量值。

现在你要将这些测量值记下来作为参考。许多车手不会长时间全力骑行，他们想要的是在公路上"骑得更快"，更持久地维持良好的车速，这时候乳酸阈闪亮登场。

乳酸阈心率（LTHR）

让我们说说乳酸阈（LT）。乳酸阈、天赋和最大摄氧量从很大程度上决定了车手会取得什么样的成绩。而乳酸阈尤为神奇，它可以通过训练得到显著提升。训练计划的一个重要目标就是要努力将乳酸阈提升到一个新的水平。

在第 2 章中，我们讨论了有氧（慢）代谢和无氧（快）代谢，前面我们还说过，乳酸经常被视为快速无氧代谢的指标。1789 年，卡尔·威尔海姆最先在酸牛奶中发现了乳酸成分，从此，乳酸成为运动生理学的热门课题。在运动过程中，越用力，需要的无氧代谢（特别是糖酵解）就越多，乳酸积累也就会越多。可以在实验室进行测量乳酸积累的程度。

你要知道，有氧系统和无氧系统都为身体提供能量。在日常活动中或处于轻松的运动强度时，人体的大部分（但不是全部）能量都来自有氧呼吸作用。但是，就算没有进行高强度的训练，糖酵解仍然会对运动过程产生影响，因此也会出现某种程度的乳酸。但人体内部的平衡机制会不断去除乳酸和其他垃圾，防止乳酸堆积。

可是，随着发力加剧，情况会发生变化。在提高运动强度的同时，乳酸的生产速度也随之急剧提高。在某个点，去除乳酸的系统无法跟上产生乳酸的速度，这时，乳酸开始在体内堆积。在实验室测试中，乳酸显著积累的那个时间点被称为乳酸阈，或简称为LT，这个点也被称为无氧阈（AT）。

乳酸主要是无氧代谢或快代谢的副产品。当肌肉工作强度越来越大时，释放的质子（或氢）也会逐渐增加。你可以将"氢"视为一种酸，它会发生"燃烧"。当锻炼产生的另外一种叫作丙酮酸的物质与这些质子（氢）相遇时，就会形成乳酸。因此，和普遍认为的说法相反，实际上，乳酸是肌肉高强度工作的标志或是副产品。

多年以来，运动专家一直将乳酸阈值视为宝贵的生理参考值，用它衡量不同车手之间的运动水平或某个车手在某段时间的运动水平。训练的目的，特别是间歇式训练，就是通过在更高负荷时段优先利用慢有氧代谢来提高训练效率。

乳酸阈对你而言也许有些陌生，但毫无疑问，你会在实际训练中接触到它。乳酸阈代表一种运动强度水平，在这个阈值，你会感觉肌肉在燃烧，也就是从这个点开始，无法再逍遥地骑行，无法悠闲地讨论昨晚在小镇上度过的美好时光，而是必须专注于调整呼吸使运动更加顺畅。乳酸阈将运动从轻松推入艰难。

乳酸阈（LT）表示人体稳定维持最高运动强度的固定时长，通常大于 45 分钟，小于 2 小时。乳酸阈的表现能力是车手耐力的最佳预测指标。在第 4 章中，我们将学习如何根据乳酸阈来确定训练强度。其实，我更倾向于车手根据乳酸阈水平进行训练，而不是根据最大心率和最大功率或最大摄氧量。如何运用这些数值，每个教练的侧重点会有所不同，有些教练会将这些值结合在一起作为参考。在这一章中，所有的数值都占有一定篇幅，但是真正开始执行训练计划时，乳酸阈值最具说服力，也最有效。

可以在实验室、训练台或公路上测量乳酸阈。在运动实验室进行测量时，如果有必要，可以同时进行乳酸阈和最大摄氧量两项测试。训练台可以同时监测车手的功率、心率和最大摄氧量潜力。参加测试的人员需要进行分级式运动测试（和测量最大摄氧量时一样）。每个强度需要持续 2 ～ 6 分钟，以便测得参加测试者在稳定状态下的心率、功率、最大摄氧量和乳酸盐水平。通过采集指血取得乳酸盐浓度（每升血液含有乳酸盐的毫摩尔数，mmol/L）。当负荷渐进式递增时，心率、功率和乳酸盐浓度也会随之增长，在某个点，乳酸盐浓度会突然上涨，而其他参数（比如，换气费力程度）与乳酸盐水平的突然上升密切相关。测试中，所有的参数均需记录，然后画出曲线图（图 3.5）。

容易混淆的术语

乳酸盐——无氧代谢水平的有效间接标志。

乳酸阈——从这个点开始，乳酸产生的速度快过乳酸清除的速度。

OBLA——血液中乳酸堆积的起点（Onset of Blood Lactate Accumulation）首字母缩写。

无氧阈——可以与乳酸阈互换的术语。

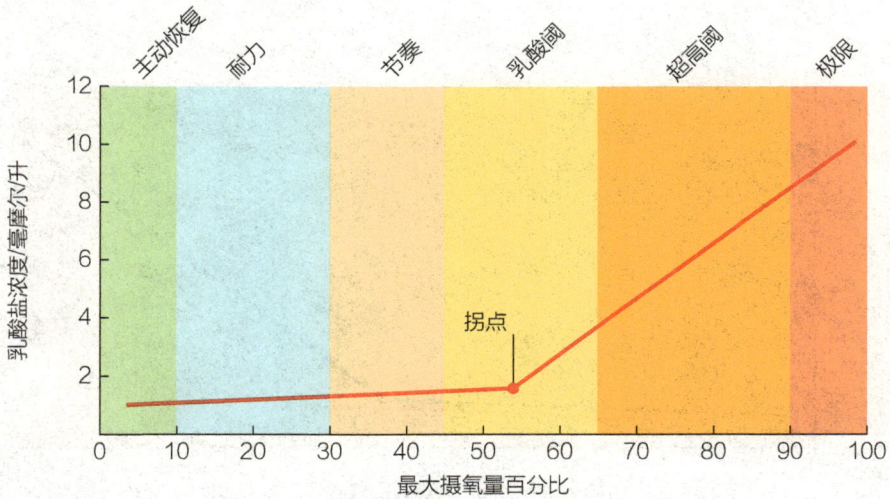

图 3.5 乳酸阈：在分级式运动测试过程中，有一个点的乳酸盐浓度突然升高，这个点称为乳酸阈拐点

乳酸阈功率（LT Power）

通过执行合理的训练计划，你会发现自己的乳酸阈有了显著提高。同一个车手经过几个月训练之后，再次测试乳酸盐水平时，会发现乳酸盐曲线可能向右侧移动（图 3.6），这说明，在等量乳酸情况下，最大摄氧量有所提高。这种显著变化不仅仅发生在实验室中，一旦曲线右移，你会发现那些曾经令你痛不欲生的坡道如今已经被你坦然地踩在脚下。

前面我曾提到，我更加倾向于根据自身的乳酸阈值进行训练。在本书中，所有的强度区间的划分和训练均建立在个人的乳酸阈心率（LTHR）基础上。图 3.7 显示了如何找到乳酸阈心率。我们会在后面的章节中使用这些值。

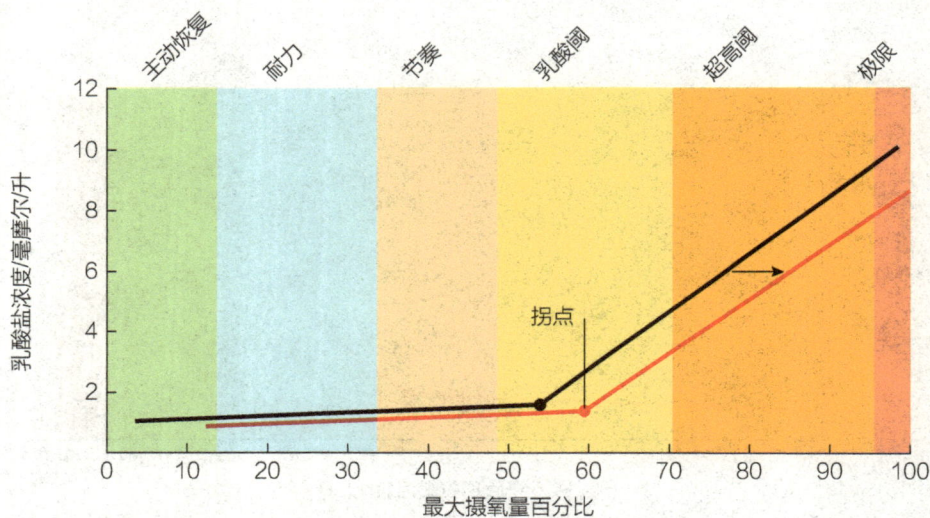

图 3.6　训练对乳酸阈的影响：训练会使乳酸盐浓度曲线向右移动，使你能够在乳酸阈拐点出现之前实现最高体能状态下的骑行

这种测试比测量最大心率还要复杂一些，参加测试时必须持续发力 30 分钟。难点在于找到正确的速度，整个过程要保持同一强度。首次参加测试时，可能掌握不好力道，会起步太快或太慢，然后要进行调整，因此可能需要进行几次测试，但也不必太过担心，谁都可能需要重新选择一天进行测试，因为这项测试本来就不轻松，感觉它有难度是很正常的。在乳酸阈上骑行是一项艰巨的任务，你做得越好，表明你所受的折磨越多。

乳酸阈心率

与最大心率一样，乳酸阈心率的测量可以在家用的室内训练台上进行，也可以选择在一段恒坡度路面（即水平或均匀上坡路面）上进行。请在测试前 2~3 小时进食，准备好所需的设备，做好各项准备工作。完成 15 分钟热身以后，执行以下步骤。

1. 启动计时器，以舒服的踏频开始骑行，保持在 90 ~ 110 转 / 分。
2. 注意呼吸，保持专注，确保动作连贯流畅。
3. 每隔 5 分钟对不适之处稍做调整，这样的调整频率可以保证整个测试得以顺利进行。
4. 记录骑过 20 分钟后的心率。
   - 如果有心率表，请确保要么记录了整个测试过程，要么每隔 5 分钟记录了一次心率。
   - 如果没有心率表，可以在 10 分钟、20 分钟和 30 分钟处暂停骑行，测量脉搏，然后立即恢复速度，计算平均值获得自己的乳酸阈心率，取得的数值可能稍低于心率表测得的数值，因为你的动作中有暂停。

乳酸阈功率

记录完成 20 分钟骑行后的功率（可选）。这个间歇的平均功率可以用于估计在乳酸阈拐点时的功率。有些车手根据乳酸阈功率选择训练强度区间。

图 3.7　测得乳酸阈心率（LTHR）和乳酸阈功率（LT Power）

　　想让训练行之有效，首先必须了解自己身体的底线，这样才能对训练进行评级和量化，同时也可以对取得的进步进行评估。当你回顾训练日志，将开始的成绩与现在的成绩进行对比时，你一定会为自己感到骄傲。教练们会根据不同的参数运用不同的训练手段，但大都会以最大潜力（能力极限）和乳酸阈为根本依据。只要对自己的这些方面有充分的了解，将有助于任何复杂的训练，并且可以更加全面地理解教练的训练方案。

第 4 章

明确训练负荷和强度区间

现在，我们要制订一个切实可行的训练计划，然后认真对照书中的专项训练开始个人训练了。首先，你应该十分清楚如何量化自己的训练，特别是确定训练频率、运动时长和强度，这些关系到身体要承受怎样的压力。

训练本身是一个适应过程。你设定一个运动量是希望取得应有的效果。GAS（一般性适应综合征）模式显示，对人体系统施加正确的压力量是非常重要的。还记得第 2 章说到的棉花糖吗？热度恰到好处才能获得完美的棉花糖。难点在于如何把握这个度，既不能训练不足，也不能训练过度。每次出门开始骑行训练时，都需要想到应激反应、对应激反应的适应性，以及是否可能训练过度。

你要回答下面几个问题。

今天，我的身体状态是否允许骑行？

训练次数是太少、太多，还是正好？

今天应该骑多久？

应设定怎样的骑行难度？

今天，除了骑行本身之外，是否还有其他因素会影响训练成绩？

所有这些问题都指向训练负荷的几大因素：频率、持续时间运动量和强度。这一章会详细讲解上述几个方面，并指出如何根据感知、心率和功率来量化训练。

训练负荷

训练负荷（或称训练量）是指在训练过程中对身体施加的训练刺激。自行车车手都会争取找到合理的训练刺激，这是训练中的一个根本难点。

教练员们会一直琢磨所谓的"合理训练刺激"，但很不容易找到。车手们也会终身寻找"制作棉花糖"的秘诀，渴望知道怎样才能做到恰到好处。

训练负荷由 4 个变量组成：频率、持续时间、运动量和运动强度。在执行训练计划期间，这些变量可以混合搭配，以取得合理的压力值。

下面的算式表示训练负荷和各构成因素之间的关系：

$$训练负荷 = 频率 \times 持续时间 \times 强度$$

$$运动量 = 持续时间 \times 频率$$

简化成：

$$训练负荷 = 运动量 \times 强度$$

频率

在特定周期中，骑行次数越多，身体承受的压力就越大。当持续时间和强度保持不变时，在一个小周期中，7 天训练 6 次显然比 7 天训练 4 次的训练负荷要大。你可以单独改变某个变量，因此你可以灵活地调整训练负荷使其适合紧张的工作日程。如果每周训练时间只有 3 天，就可以通过增加强度和持续时间来完成相当于每周训练 5 天的训练负荷。

持续时间

骑行时间越长，完成的运动量就越大。相同的强度，3 小时的训练比 1 小时的训练更难。正如可以灵活调整训练频率一样，你可以通过调整训练持续时间来完成预想的运动量。可能这一周你一直很忙，训练天数有限，这时可以延长训练持续时间。通过加时达到与上周持平的运动量。这种方式也有其局限性，不要走极端。一周停训的损失不可能在周六狂补一天就回来，6 天的间隔会让你失去一些体能。但是，你仍然可以根据自身实际情况灵活地调整持续时间。

运动量

运动量用来量化骑行频率和持续时间，它表示完成的骑行量。教练员和车手通常用它来跟踪骑行时间。有些车手明白他们必须完成一定量的骑行（比如：骑行 20 小时）才能在高强度的训练期不会太过艰难。切记，将频率和持续时间视为一体式量化手段也有其局限性。例如，你可能每周训练 5 天，每天训练 1 小时（5×1），或者在周六疯狂骑行 5 小时（1×5），虽然两种不同的训练方式产生了相等的运动量，但是训练产生的适应性却是不同的。

强度

强度是指运动对人体生理刺激的程度。当你和朋友聊着天，车轮轻松旋转，这一定是低强度的，而完成最后一个爬坡后筋疲力尽，这无疑是高强度的。训练计划中，每次骑行都会指定一个强度，强度由低到高，仿佛是加大火势。有些人认为每次进行训练都应该拼尽全力，这是对训练计划的极大误解，强度只是整个训练的课题之一。只有将不同的频率和持续时间与不同的运动强度相结合，才会最终产生最好的训练效果。

训练次数和骑行持续时间都是相对容易监控的数据，3 个参数中训练强度最难把握。本章剩下的部分将介绍如何测量强度，以及如何利用不同的强度区间进行训练。

训练强度区间

训练强度区间是用来量化和跟踪训练强度的。切记，训练负荷是运动量（持续时间和频率）和运动强度的乘积。训练负荷中的运动量部分是很容易跟踪的，只需要一块手表加上一本日历即可。但是，运动强度却像一场完全不同的游戏，在整个训练过程中，运动强度最难准确把握。

前面我们说过，应该为每次训练设定单独的训练负荷目标，并要知道为实现这个目标需要花费多少力气，即训练强度。

合理的训练计划是为了刺激身体的各种生理机能，训练有氧系统和无氧系统，提升力量和意志品质。其中，基础性训练可以强化血管系统，使车手能够进行更高强度的运动，而其他练习可能侧重速度，让你可以轻松超车，率先到达约定地点。

每个训练强度区间代表着从轻松到艰难的某个发力水平。强度区间的相关资料铺天盖地，可是，不同的教练和书籍会用不同的术语对其命名，这很容易造成混淆。本书主要是为了帮你在训练领域打下一个坚实的基础，同时简化这个过程中可能遇到的术语，并对它们有准确的理解。

现在，将强度细化成最简单的几个部分。当你还没有骑上自行车进入训练之前，你需要回答一个简单的问题："这次训练的难度是多少？"这次是要沿着大街毫不费力地顺势而下，还是用尽洪荒之力完成雷霆一击。

其实就是简单还是困难。就是这么简单！专注于你生理机能的特定部位，让你训练变得更加有趣。我进一步将"简单"和"困难"分为 3 个不同层次的训练强度（图 4.1）。这里给出总共 6 个单独的训练强度区间（表 4.1）。

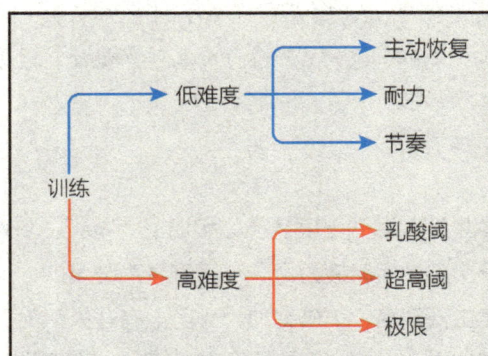

图 4.1　低难度练习与高难度练习

表 4.1　训练强度区间

区间	名称
低难度	1. 主动恢复
	2. 耐力
	3. 节奏
高难度	4. 乳酸阈
	5. 超高阈
	6. 极限

区间 1：主动恢复

这是最轻松的强度区间。这个区间主要是为了帮你从艰苦的骑行中恢复过来。假如你在前一天进行了多次大运动量间歇训练，那么，主动恢复区间的训练可使你摆脱训练的压迫感。这个区间是轻松的过渡区，你可以在室外骑行，呼吸新鲜空气，这有助于放松和缓解肌肉压力。主动恢复区间的训练重点是恢复腿部功能，虽然强度不高，但它却是整个训练计划中的重要组成部分。

区间 2：耐力

从功能上讲，耐力训练涵盖了身体处于乳酸阈以下时的各个方面的训练。恢复训练和耐力训练的主要区别就是持续时间不同。耐力训练时，骑行持续时间比简单的恢复训练时间长，要求技术更深入。在耐力区间，训练的重点应放在基础性生理机能上，即要为将来的训练做基础性准备，在进入下一步训练之前，让所有血管、细胞和线粒体达到相应的水平，就像电影《摇滚万岁》中的男主角所说的，做好"冲击 11 号高地"的准备。我们常说万丈高楼平地起，强壮的身体就是高楼的根基。耐力训练区间的所有训练都是在奠定基础。赛季之初，你会在这个区间停留很久。不过，整个训练过程中都要不停地进行基础性训练。

区间 3：节奏

节奏区间的骑行训练和耐力区间的骑行训练十分相似，但会稍稍倾向于速度。在耐力区间时，你仍有可能停车欣赏路边的小花，但在节奏区间，你必须更加专注和自律。这段骑行需要持久力，速度会比参加比赛或者争取实现最好成绩时慢些，同时，还要注意骑行"韵律"，保持足部蹬踏节奏，在骑行中要练习如何补充食物来巩固体能基础。

区间 4：乳酸阈

这个区间开始真正进入到提高乳酸阈的较量。在这个区间要让身体能够承受更高的强度和坚持更长的骑行时间。产生的乳酸越少，骑行成绩就越高。尽可能提高乳酸阈百分比值。这个区间的训练是为了让身体能够充分利用现有能量，并增强清除体内废料的能力。这个区间的训练要求在较长时间段内保持强劲发力水平，因此这个训练区间很有难度。但是，一旦完成这个区间的训练周期，你会发现公路骑行成绩提高了，体力更加充沛了。

区间 5：超高阈

这个区间就是一种折磨。第 5 区间的间歇训练会被读秒（就是看时间），训练强度高于自身的乳酸阈，无氧代谢产物的产生速度大过其被清除的速度，乳酸堆积持续增多。区间 5 的训练是为了训练最大能力和提高最大摄氧量。这个强度区间的确令人生畏，好在它没有区间 4 那么漫长，因此你只需要专注于完成间歇就好。

区间 6：极限

区间 6 最为辛苦，最后冲刺或爬坡就是在区间 6 完成的。根据定义，这种强度只能维持短时间内的爆发，是一种高效输出。区间 6 的训练是为了提升体能极限，同时体验极限区的"舒适度"。"舒适"看似不太可能，但是可以保证在撞线一刻不至于崩溃或失态。当你筋疲力尽时，神经协调能力会降低，而区间 5 和区间 6 的训练就是为了让你能在最关键的时刻仍能继续有效地蹬踏。

测量强度

显然，接下来你会问，如何在一次骑行训练中确定自己所处的强度区间呢？量化强度的最佳方式是依据个人的体能，在前面一章中，你学习了如何确定自己的极限力量和乳酸阈，这些概念在量化你的运动强度时都会用到。

主观运动强度量表（RPE）

有许多科学仪表被应用于训练，心率表、功率表和实验室测试都可以量化运动强度，但是，人们首先会想到"主观运动强度量表"（rating of perceived exertion，RPE）。RPE 是一种行之有效的测量手段，无论是自行车运动的新手还是专业选手都会利用这种方法对运动强度评级，这个量表还有一个优势，就是它不需要使用任何仪器！RPE 本身就是最精准的个人强度水平数据之一。

古纳尔·博格最先引进了这种方法。RPE 是一个数据量表，用于对骑行中感觉到的强度进行分级。得名于它的创建人博格，最初这种数字分级系统也被称为"博格主观运动强度指数"。RPE 基于感知，而不是一种外部编号或数据点，分级也只是取决于车手的主观判断。车手凭借对难度的主观判断，决定在我们之前提到的那些强度区间选择哪一个特定区间进行训练。

人们创建了各种 RPE（数字形式不尽相同），而 1 ~ 10 级的强度量表最为简单有效。层级 1 代表最低强度，这个阶段的训练轻松随意，可以和朋友聊天或只是随意骑行，而层级 10 则是另一个极端，这时，车手必须咬紧牙关，直至力气殆尽，甚至会发生呕吐等现象。

开始运用 RPE 时会感觉有些费劲，因为你必须学会根据自己的主观感受来区别各级强度水平的不同。测量的一致性尤为重要，一旦确定了某个等级为 7 级，就要一直把它认定为 7 级，不要因为功率表或心率表将你归入另一级而改变评级，RPE 的重大贡献是：它是非常真实的评级，因为它是你的切身感受。比如说，你可能没有充足的睡眠，正在执行某项重要任务，或者你正在和你的女朋友闹别扭，这些因素都会影响力量和体能，而电子仪表无法将这些生活中的因素考虑进去，相比之下，RPE 会更加全面。

RPE 数值	样本感受
1	恢复性的骑行，仅仅伸展腿部
2	轻松骑行，可以聊天
3	耐力训练
4	长距离骑行，完整的训练
5	注意力集中，呼吸频率增加
6	呼吸急促，不能聊天
7	即将爬坡的公路赛强度
8	急于结束，感觉无法坚持太久
9	好想放弃，在死亡和胜利之间纠结
10	全力以赴，不顾一切

每个 RPE 数值对应着一个训练强度区间（表4.2）。

表 4.2　训练强度区间和 RPE

区间	名称	RPE
低强度	1. 主动恢复	1
	2. 耐力	2 ~ 3
	3. 节奏	4 ~ 5
高强度	4. 乳酸阈	6 ~ 7
	5. 超高阈	8 ~ 9
	6. 极限	10

乳酸阈心率（LTHR）

乳酸阈（LT）是衡量或量化训练强度的另一种手段。前面曾经提到过，在最基础阶段，训练有两种强度：低于乳酸阈（低强度）和高于乳酸阈（高强度）。乳酸阈就是岸与水的分界线。乳酸阈是训练中的明确指示灯，乳酸阈越高，意味着越有能力完成更长时间的高强度骑行。

不管目标成绩是什么，乳酸阈越高，成绩就越好。训练的目的就是在低心率时实现更快的骑行，也就是花更少力气产生更大的动力。在乳酸阈以下或处于阈值水平 时能够提速，这种能力会显著提高骑行成绩。尽力提高乳酸阈就能实现更快更久的骑行，却不会感觉自己像是在燃烧。

前一章已经教你如何找到自己的 LTHR 和 LT Power。每个训练区间都可以定义为一个对应的阈值比（表 4.3）。

表 4.3　训练强度区间和 LTHR 百分比

区间	名称	RPE	LTHR 百分比 /%
低强度	1. 主动恢复	1	<80
	2. 耐力	2 ~ 3	80 ~ 90
	3. 节奏	4 ~ 5	90 ~ 97
高强度	4. 乳酸阈	6 ~ 7	97 ~ 103
	5. 超高阈	8 ~ 9	103 ~ 110
	6. 极限	10	>110

乳酸阈功率（LT Power）

功率表是个非常有用的训练工具，许多职业车手都意识到了这一点，他们将功率表纳入训练工具清单并受益良多。如果你使用功率表并进行过 LT Power 测试，那么你就可以利用表 4.4 根据 LT Power 进行训练。

表 4.4　训练强度区间和 LT Power 百分比

区间	名称	RPE	LTHR 百分比 /%	LT Power 百分比 /%
低强度	1. 主动恢复	1	<80	<50
	2. 耐力	2 ~ 3	80 ~ 90	50 ~ 75
	3. 节奏	4 ~ 5	90 ~ 97	75 ~ 100
高强度	4. 乳酸阈	6 ~ 7	97 ~ 103	100
	5. 超高阈	8 ~ 9	103 ~ 110	100 ~ 150
	6. 极限	10	>110	>150

最大心率（MHR）

训练中，教练通常将最大心率视为训练强度区间的一个参考值（表 4.5），它的优点就是容易进行计算，你可以直接使用下列公式计算它：

最大心率 =220- 年龄

表 4.5　训练强度区间和 MHR 百分比

区间	名称	RPE	LTHR/%	LT Power/%	MHR/%
低强度	1. 主动恢复	1	<80	<50	<60
	2. 耐力	2 ~ 3	80 ~ 90	50 ~ 75	60 ~ 72
	3. 节奏	4 ~ 5	90 ~ 97	75 ~ 99	72 ~ 79
高强度	4. 乳酸阈	6 ~ 7	97 ~ 103	100	80 ~ 90
	5. 超高阈	8 ~ 9	103 ~ 109	100 ~ 150	91 ~ 97
	6. 极限	10	>110	>150	>98 ~ 100

　　图 4.2 提供了一种快捷参考方式，使你可以在不了解自己的训练强度区间时通过计算了解强度区间，然后快速投入训练。它以最大心率为基础，同时参考了年龄。

		训练区间									
		年龄									
		20	25	30	35	40	45	50	55	65	70
每分钟心跳	100%	200	195	190	185	180	175	170	165	155	150
		极限									
		194	189	184	179	175	170	165	160	150	146
	97%	超高阈									
		182	177	173	168	164	159	155	150	141	137
	91%	乳酸阈									
		158	154	150	146	142	138	134	130	122	119
	79%	节奏									
		144	140	137	133	130	126	122	119	112	108
	72%	耐力									
		120	117	114	111	108	105	102	99	93	90
	60%	主动恢复									
	50%	100	98	95	93	90	88	85	83	78	75

图 4.2 最大心率区间

如果你有时间和相应的设备，你就要充分利用 RPE、LTHR 百分比或 LT Power 百分比，参考它们来选择训练强度区间。在每个强度区间针对不同的生理机能进行训练时，参考它们更准确、更有效。

个人训练强度区间

前面已经讲过如何量化训练强度。总而言之，你要知道自己的 LTHR、LT Power 和 MHR。请将这些数字填入附录 A 的表格中，以便随着时间变化跟踪这些值的变化。

切记，随着训练的进展，其中有些数字会发生改变。当你逐渐感觉不再那么难受时，处在乳酸阈值时的心率会有所提高，而这也正是你所期待的。LTHR 和 LT Power 会随着体能增强而双双上扬。过不了几个月，就可能需要重新计算实际数据了。尽管每个强度区间的心率百分比保持不变，但因为你能够承受更高强度了，表明实际数字已经发生了变化。

可以用 LTHR 和 MHR 的比值来跟踪发生的变化，即用 LTHR 除以 MHR 再乘以 100。

$$LT\% = LTHR \div MHR \times 100$$

过段时间，你就会发现，LTHR 和 MHR 之间的差距在缩小，你能够做更多的功，但抑制性产物越来越少。就是说，身体能力提高了，而抑制性产物却减少了。例如，如果你的最大心率是 180，而初始 LTHR 是 150，那么乳酸阈就是 83%。如果在接下来的几个月里训练很有成效，就会发现，新的 LTHR 变成 155，而最大心率没有变化，这时，你能清楚地看到训练成果，也就是说，现在你可以保持在乳酸阈为 86% 的水平进行训练。

到目前为止，你已经拥有了启动训练计划所需的一切。为了提高训练的有效性，你还需要知道恰当的训练负荷。现在你已经了解了频率、持续时间、运动量和强度等概念，接下来你需要弄明白完成既定目标所需的精确的训练量。请记住，每次骑行都是整个训练蓝图的一部分，要始终鼓励自己，那个目标能让自己成为更健壮、更快速和更全面的车手。

第 5 章

制订个人训练计划

制订计划时，要将讨论过的所有方面都考虑到，包括 RACE 理论、适应性、循序渐进和针对性等，因为在训练过程中，这些因素会共同发挥作用。整个训练的日程安排将围绕着这些基础概念展开。根据 GAS（一般性适应综合征）模式，这份训练计划将是一份压力与休息交替进行的时间表。在此期间，身体系统反复进行"报警"，不断进行适应，随着时间的推移，身体应对压力的准备越来越充分，越来越能够适应持续增长的训练量，这就意味着你所期待的进步正在悄然发生。

作为自行车车手，你要在自行车训练上花费更多时间，要专注于某个特定方面的训练，要定期开展其他科目的训练，包括举重、瑜伽或跑步，这些都有助于改善和维持核心肌群能力，提高内在力量，让你变得更加健壮。休息、责任感、连续性和效率将训练连接起来，构成训练的基石，自行车健身将在此基础上实现飞跃。

当然，你的脑海中仍然会不停闪过一些问题：如何制订出一份真正的训练计划？如何判断施加压力的时间节点？如何判断是否已经取得了预期效果？针对某个特定方面的训练所花费的时间是否足够？怎样的训练量才最合理？

回答这些问题可没有那么简单。所有的车手都会千方百计想知道如何才能实现巅峰状态。无论已经训练了多久或知道了多少信息，你都会发现，总有一些问题得不到明确的答案，但这并没有什么可困惑的，你只需要尽量制订一份考虑全面而又不失灵活性的训练计划即可。在上一个训练季，你一定汲取了一些经验教训，要记着将它们运用到新一季的训练中去。万事开头难，第一个训练年总是最难的，但随着经验的积累，你会逐渐摸索出最适合自己的训练方法。

接下来，我们要说说如何利用之前知道的信息来搭建一种渐进式训练法，它会让你更加专注、更加自如地面对富有挑战性的训练。再说一次，高效的训练才是成功的关键，即要充分利用时间，因此，训练必须是系统的、讲究方法的。现在，让我们从周期化开始。

周期化

周期化是个相对简单的概念，主要是指以一种缓慢的、渐进的、持续性的方式提高身体能力，直至实现终极目标。图德·邦帕被誉为周期化训练的开山鼻祖。周期化训练是一步一步进行的，当前训练基于前一个训练阶段，直至达到最高峰（图 5.1）。

训练负荷

体能

（训练周期）
时间

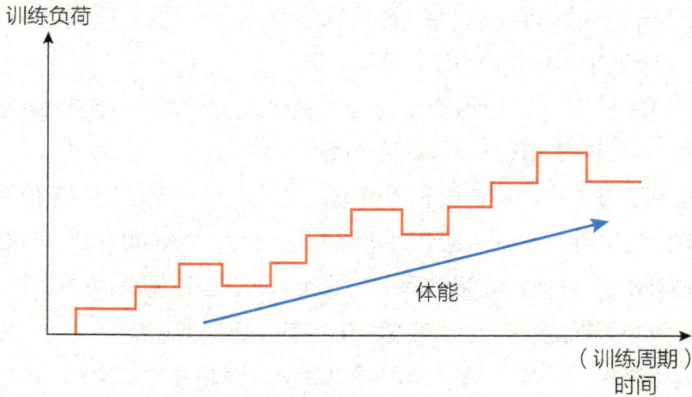

图 5.1　当前训练周期建立于前一个训练周期之上，在施压与休息交替进行过程中，体能不断提高，直到实现终极体能目标

训练计划中含有一种循环模式：施压，然后恢复，最后是体能得到提升。单个训练日组成训练周，训练周又组成训练月。每个训练日和每个训练周期都有各自的具体目标，而这一切都是为了实现终级体能目标。例如，某个周期的关注点可能是提高耐力，另一个周期的关注点是乳酸阈，再下一个周期的关注点则变成了爬坡速度。当所有方面综合在一起时，一般体能水平已然被提高到终极体能。如果你在日历中标注了某个爬坡比赛日期，这时，你的体能已经足以应付这个比赛了。

从创建年度计划开始制订周期性计划。我们曾在第 1 章中讨论了长期、中期和短期目标的重要性，这些目标共同指引着整个计划的方向。一年当中，你可能会有多个目标或"赛事"，年度计划会因此分割成几个不同的组成部分，每个部分代表不同的训练周期（图 5.2），而最大周期则涵盖整个计划。

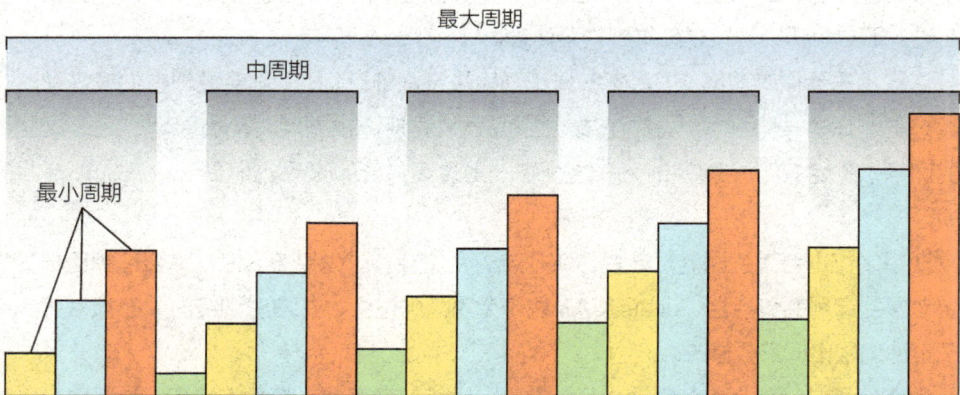

最大周期

中周期

最小周期

图 5.2　最小周期是最短训练单元，多个最小周期构成一个中周期。中周期会有一个侧重点和目标，而所有中周期加在一起，就形成了完整的最大周期

最大周期由若干个中周期组成，每个中周期持续 2 ~ 6 周，中周期再次被细化成若干个最小周期，一般情况下，每个最小周期持续一周左右。

有些训练计划并不以周或月为单位，但为方便起见，特别是考虑到你需要应付工作、家庭和其他事项，可以将日历周作为基本最小周期。

周期的理念是要进入一种缓慢提升的状态，总是在已经完成的练习的基础上循序渐进地前进，避免过度训练。周期化会让训练更有针对性，中周期是针对骑行的某个特定方面进行的，包括耐力、速度或者是前面提到的无氧阈。最小周期也是以目标为导向的，但最小周期是针对中周期的特定方面再度细化成某个更加细微的点。无论是最小周期还是中周期，它们始终指向终极目标。计划中的每个方面都要始终遵循 GAS 模式。最理想的情形就是连续从压力期进入休息期和适应期。如果这个过程非常完美，你就可以避开疲劳和训练过度。每天和每个周期的训练都以之前的训练为基础，一段时间之后，身体就会适应整个训练程序，你会成为体能更强、速度更快的"骑行机器"！

在构建周期性计划时，需要暂时脱离首要目标，从中周期开始，然后填写最小周期，最后明确单个训练日的训练计划。切记，没有什么是一成不变的。当训练开始时，身体开始适应，但这种适应性的出现时间可能与你的预测并不吻合，这时，你需要听从身体的指令来调整训练计划。

训练计划各组成部分

年度训练计划包括 3 个部分或 3 个普通训练阶段：初始基础阶段；针对性训练阶段；过渡阶段。由最小周期组成的中周期总是以骑行的某个特定方面为训练目标。初始基础阶段可持续 6 ~ 12 周，接下来的 2 ~ 6 周是针对性训练阶段。在针对性训练阶段，需要重点学习骑行技能。在完成了这些阶段目标后，就会进入过渡阶段，在这个阶段，应该让身体在进入下一个初始阶段之前得到充分休息。

这些术语看似有些高深，其实在真正开始执行训练计划时，你会发现它们很好理解。回顾一下，你有一个年度计划，它被分割成最大周期、中周期和最小周期，经过这些周期的训练，你会打下体能基础，在这个基础上提高体能，最后过渡到一个新的训练目标周期。

要想制订出合理的周期性计划，有几点需要注意。首先是要制订一套合理的目标。然后要考虑到计划的灵活性。训练期间无法避免意外的发生，在应对训练时，必须根据实际情况对计划做出调整或修改。

训练计划必须是从大处着眼，小处着手。训练就像磨刀，最后的焦点总是聚集在锋利的刀刃上。整个训练是从宏大的、宽泛的、低强度的训练进入高强度和更有针对性的训练，而周期性计划是带领车手从一般性进入到针对性，使训练负荷变得更直观、更具体。低强度和高运动量构成一定量的训练负荷，而高强度和低运动量也会构成一定量的训练负荷（图5.3）。如果一直以高运动量搭配高强度，你肯定会烧毁你的"发动机"，这说明训练负荷超过了承受能力。前面我们说过，周期化将始终围绕 GAS 模式进行，以便在合理的压力下获取最佳适应性。

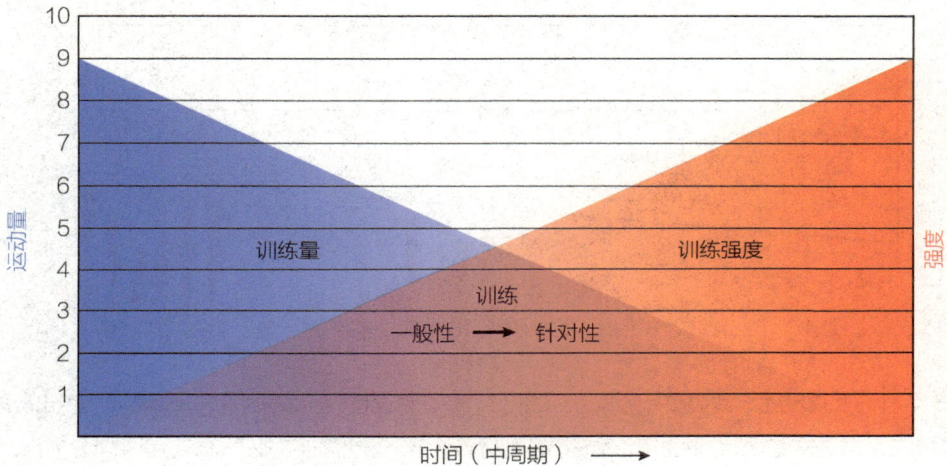

图 5.3　当强度提高时，运动量下降

体能和体能峰值

　　制订训练计划是为了能够在适当的时间实现最高体能，整个过程要缓慢进行，让疲劳和压力配合得当，在体内产生最完美的变化。执行周期性计划过程中，可以逐渐增加训练负荷，使身体根据负荷进行适应性调整，从而提高体能。身体总是在疲劳度和体能水平之间寻找平衡，当体能最高而疲劳度最低时，就实现了体能峰值（图5.4）。只有执行可靠的、系统的、周密的训练计划才有希望实现最高体能目标。

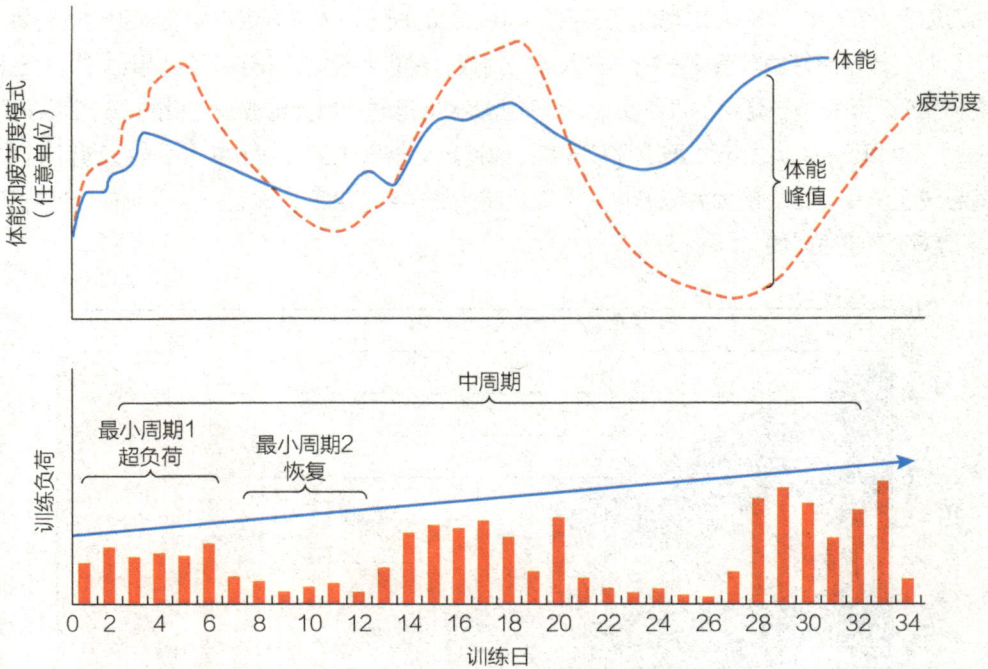

图 5.4　体能、疲劳度、适应和体能峰值。在执行训练计划过程中，你的身体将对训练负荷做出反应，变得疲劳。当你恢复时，你的生理机能获得新的体能水平。这个周期在整个训练过程中反复进行，逐渐提高你的整体体能。达到体能峰值，这是你的目标，当你的体力达到最高水平，而疲劳度程度最低时，你就实现了体能峰值

训练日志

　　一定要跟踪训练过程。随着时间推移，训练质量一定会有所提高。回顾之前的训练便于你发现自己的优势和不足，这样就可以对未来的训练计划进行相应的调整（根据实际要求进行大调或微调），使未来的训练更加有的放矢。每天记录训练过程是训练成功的基础。

　　开始记录日志时，第一步就是写下自己的目标。一定要保持良好的每天记日志的习惯，因为只有你能最好地监督自己，也只有你才可能准确描述在骑行训练中的真切感受。通过将主观信息（你感觉怎样）和客观信息（测量结果）相结合，就会收获更加丰富的知识，用于指引未来的训练。

　　训练日志有助于你对 RACE 理念中的几个方面进行对照检验。休息、责任感、连续性和效率都可以得到监控和评估。你应该对训练进行记录，起码要跟踪以目标为导向的基

训练日志

德克·弗里尔

　　骑行训练日志是许多优秀车手的秘密武器，无论他们是环法冠军还是自行车爱好者，日志对他们而言是必不可少的工具。在成为一名车手的过程中，训练日志会一直陪伴你的左右。通过日志，你跟踪的方面越多，发现的问题也就越多。而日志的真正意义是帮助你（可能还有你的教练）复制有效的训练手段，去掉无效的内容，它甚至可以帮你预见你在未来重大赛事中的表现和最佳状态。

　　当然，训练日志也在与时俱进，过去的手写形式已经与新媒体相结合。如果你不想再用手写，可以选择基于网页的形式或移动训练日志等。新式日志有很多优势，它意味着你几乎可以在世界上任何一部计算机或移动电话上对训练各个方面进行跟踪、分析。

　　你不仅可以通过手动输入骑行数据来跟踪训练，还可以从各种仪表上截取图片和记录数字，比如功率表、心率表和 GPS 仪。一旦取得数据就可以利用先进的分析手段深入了解你能够在哪些方面取得突破。训练日志不只是简单记录每天的训练，还涉及如何运用数据来取得想要的结果。

本训练过程。

　　任何一本简单的日历都可以成为训练日志，但是，我仍然强烈建议使用专用训练日志。自行车专卖店或在网上都能买到这种专用训练日志，你也可以自己制作一个。自行车训练网站上也有。

　　附录 B 提供了简单和高级的自行车训练日志范本。简单的日志就能够帮你收集整理所有骑行相关参数，包括时间、距离和强度等，而高级的日志则增加了踏频、心率参数和功率参数。电子表格可以帮你轻松进行数据评估、绘图和制表。

　　我在这里为你提供一份基本信息清单，无论你的日志是简单还是高级的，都必须涵盖以下信息。

简单日志：

日期

骑行描述　　　　　　　　　　　精神状态（愉快、悲伤、心烦、紧张）

距离　　　　　　　　　　　　　睡眠

时间　　　　　　　　　　　　　疲劳水平

强度　　　　　　　　　　　　　体能水平

高级日志：

简单日志所含的所有信息　　　　平均心率

平均速度　　　　　　　　　　　心率区段用时

平均踏频　　　　　　　　　　　最大功率

平均功率　　　　　　　　　　　平均功率

最大心率　　　　　　　　　　　总工作量（单位：千焦）

训练日志对于提高体能而言是个重要的法宝。再次强调，你的周期性计划是为了实现最高体能。日志就是对训练过程的书面描绘，在每个个人目标的截止日期阅读日志，回顾在这个过程中哪些因素导致了成功或失败。要努力去发现哪些方面做得正确，哪些方面存在失误。以后要继续运用那些有效的因素，同时避免再次重演那些失误，不再掉进它们的陷阱。这样一来，每当开启一个新的训练年度时，你就会发现，经过积累你的个人化信息更加丰富了，它们会让新的训练计划更有的放矢，更富有成效。

启动训练

你已经大概了解了训练的基础性信息，现在就要开始真正的训练了。如果就这样开始，你也许仍会感觉不知从哪里入手。然而，本书的章节设计就是为了让你能够更加容易地投入训练中。

第 6 章到第 12 章是根据各种不同的训练形式进行排序的，各章中提供的练习均可作为训练的起点（之后你可以进行混合练习并制订自己的专属训练计划）。书中每章都只针对某个特定的骑行方面进行训练，比如冲刺、爬坡、计时赛和室内训练等。每一章包含 8 ~ 10 种练习，每一个练习都有详细的描述，会介绍整个练习过程。每一章最后都附有训练计划示例，在整个训练过程中，这个示例都可以用作训练指南。

让我们从第 6 章基础性训练开始。这一章为其他训练、雕琢骑行技巧及提高体能搭建了一个框架。在进行其他章节的训练时，不一定非要按照某种特定的顺序进行。如果你想直接跳到爬坡或计时赛章，也可以直接跳到那一章。

如果你已经十分清楚自己的个人强度区间，并知道如何完整执行某个具体的计划，那么你就可以进入个人实际操作阶段了。利用日历示例制订自己的训练计划。可以从不同的章节中摘取和选择你喜欢的部分，或是你认为对自已非常见效的练习。要尝试管理训练负荷，避免过度消耗。对于制订的第一份训练计划，要采用色谱模式（色谱表明了强度区间），使运动强度实现合理混搭。

一旦掌握了这个绝技，整个训练世界就成为你的舞台。你可以继续利用这本书中的练习，把它们置入任何符合你自身特点、符合时间条件并有助于实现目标的训练计划中。祝你训练愉快！

基础性训练

汤姆·彼得森的观点

汤姆·彼得森是 Argos-Shimano 职业车队的成员。他是加利福尼亚自行车赛阶段赛冠军，也是第四届土耳其自行车赛冠军；同时，他还经营着彼得森自行车用品专卖店。

每年 11 月下旬开始，我将自行车运动带回到它的根本，拥抱运动的真谛。甚至是在最差的天气，我依然坚持在路上骑行，也许是一个人，也许是和朋友一起漫无目的地长途骑行。我会随时停在某个咖啡店前品尝一杯咖啡，或是任性地尝试一条新的城市线路。这是我最开心的时刻，我非常喜欢在自行车上度过好时光。

而这就是我所说的基础性训练。我非常喜欢这种训练，而且分外珍惜每次这样的骑行。一年当中，我只在这段时间才不会做间歇式训练，解放自己，单纯享受在自行车上骑行。

基础是万事之源。顾名思义，基础是未来能够在骑行中实现的所有成就的最核心部分。自行车运动的所有乐趣（速度、爬坡、冲刺）全都基于基础阶段的训练。

那么，到底何为基础？每项耐力运动都会使用这个名词或相似的术语来定义这个训练阶段，在该阶段，将为未来不断增加的训练负荷做好体力准备。我们在第 2 章中讨论的生理机能的各个方面都将在此发挥作用。你将建设自己的能量体系，包括能量供应、输入和输出，以便未来出色地完成任务。有效的训练是随时间进行积累的，各个方面都会在未来发挥至关重要的作用。

无论你对于自行车运动是采取一种更加负责的态度，还是出于职业选手的本能，你的身体都需要在基础训练阶段进行改造和重组。心血管系统要构建一个能够持续不断地为肌肉提供能量的框架，让肌肉能够有效驱动车轮转动。基础框架越稳固，越有能力在未来应对更多的压力。

比赛中，当车手们穿越吉隆坡时，他们有机会看到漂亮的双子塔。它们曾经是世界上最高的建筑，足足有 452 米，建筑用钢超过 36000 吨。塔基如此之深，堪称世界之最。在由钢铁和其他材料构成的整体结构中隐蔽地布满了电线、管道（水管、下水道及消防水道）和其他通道（空调、暖气和通风）。这些元素共同构成了建筑物的核心。在基础训练期间，你应该想到双子塔，因为在这个阶段所做的一切如同在建设双子塔中那些必备的系统，有了它们，你才有可能真正实现目标。双子塔耸立在那里，令人心生敬意，而为了到达终点所付出的一路艰辛亦是如此，这就像春种与秋收，没有付出就没有收获。

　　基础都是经年积累的。过去完成的骑行任务成就了将来骑行运动的基础。就像每个训练板块都基于上一阶段的练习，每一年的训练计划也都是基于前一年的成绩。但这并不是说过几年之后你可以省略这个阶段。当然了，和一个完全的新手相比，职业车手所需的基础训练阶段的时间会短一些，但是，经过非赛季的休息之后，职业车手也需要重新调整身体。基础性阶段并不仅仅适用于赛季之初。如果你因为伤病或工作休息了很长时间，那就必须在进入正式骑行之前重新进行基础阶段的训练。千万不要急于求成，指望从零基础瞬间成为自行车英雄，那样只会欲速则不达。

　　切记，RACE 训练理念中有一项就是连续性。在训练期开始后，要始终坚持完成任务并投入足够的训练时间，这两点尤为重要。连续性关乎一项训练计划是否能够得以完成，因此要严肃对待基础训练阶段。在这个阶段，你就像在把自己从一部两冲程轻便车发动机打造成一台 V8 大排量发动机。要坚信这些早期的基础性骑行训练会使这种想象变成现实。

　　最初，当尝试延长一些骑行距离时，完成过程可能有些狼狈。大可不必因为赛季之初的这些记忆而感到沮丧，这只是开始。记住牛顿说的话：任何物体都要保持匀速直线运动或静止状态，直到外力迫使它改变运动状态为止。听上去和体内平衡是一个意思，而训练正在打破这种趋势，使自己摆脱舒适区，向一个新的方向出发。就这样日复一日，过了几周，再过几个月，你会渐渐意识到自己已然变成了一部强大的骑行"机器"。

训练亮点

　　基础训练期间要关注饮食结构。请记住，你需要给"发动机"注入优质的"燃油"。在第 2 章中我们曾经讨论过营养这个话题，现在，我要介绍如何针对合理饮食进行自我培训。根据现在的体重为减肥设定一个目标，因为在基础性训练阶段，自行车的慢速骑行非常有利于燃烧掉训练之前储存的多余脂肪。在这个阶段，你将重塑自己，为未来的训练和力量的提升做准备。长距离骑行时一定要备足食物，要找到最适合长距离骑行过程中进行补给的食物（要完全符合自己的口味）。一定要保证骑行开始前真正"备足弹药"。要全盘考虑整个训练计划，不能只想到今天的骑行，因为训练必须是系统的，所需营养也必须是系统的。关注营养有助于提高训练效果。

咖啡慢时光——基础性骑行

请记住，在基础训练期间，一切都取决于连续性。充分利用一切可以骑行的时间，哪怕是在开始工作前只有 30 分钟也要加以利用。同时，要避免"补偿式"训练。不要想着仅在周六或周日突击完成全部训练任务，这会让基础性训练变成一次重大骑行，而你也会失去周期性和训练计划带来的好处。

用时总计	30 ～ 90 分钟
热身	可省略（轻松转动车轮）
骑行地形	从平坦到起伏
训练强度区间	1
训练时长	30 ～ 90 分钟
整理运动	可省略

这是一种恢复性骑行或基础性骑行，过程中充满社交式的轻松。每个训练计划都应该是针对个人进行定制的。作为车手，你当然必须花大把时间自己训练，但不是像现在这样悠闲！如果你需要与某个人互动才能坚持到最后，那就在完成艰苦的训练周后与某人约定一起骑行，或在基础性训练期间策划此事。在这样的骑行中，你可以偶尔停下来去喝杯咖啡或找处树荫休息一下。不管是开始时、过程中还是结束后，你都可以随意这样做，因为这些并不重要，重要的是走出去，骑完一定的距离，并享受这样的过程。

城市巡航

用时总计	45 ~ 80 分钟
热身	轻松转动车轮 10 分钟
骑行地形	视城市地形而定
训练强度区间	2 或 3，带爆发力训练
训练时长	30 ~ 60 分钟
整理运动	5 ~ 10 分钟

注意自行车的驾驭，练习跳跃、脱把、从口袋里取放物品。这是一次无压力骑行，所以，不要忘了享受你的自行车时光。

今天，你可以环绕自己居住的城镇或区域骑行。我在纽约市医学院就读时，曾花大把时间穿行于中央公园和河滨公园。如今，我可以在科罗拉州多的自行车道上骑行，这让我感觉很幸福、很激动。越来越多的社区正在成为自行车运动的友好社区，它们欢迎自行车运动进入社区并得到普及。但是，你仍然可以离开那些现成的车道，去看看周围都有什么。即使有些地方并没有专门的自行车道，你也可以尝试进入，到狭窄的小巷仔细探寻一下家乡的面貌。你会对这一带的布局有更加真切的感受，还有可能发现，有些地方你居然从来没有踏足过。你可以当一天自行车信使（就像凯文·贝肯在电影《银色快手》中那样），细细磨炼骑行技术并时刻保持警惕。要当心车辆、障碍物和其他危险。千万不要受伤！

爬坡

骑行过程中要记得变换手的位置。可以把手放在车把上，然后放在车架上，再放在下弯车把上，同时要感受骑行是否因为手位的变化而变化，你的骑行是变轻松了还是变得更困难了。如果你正进行心率监控，看看手位的变化是否引起心率变化。找到自己的舒适区。有些车手在爬坡时喜欢一直坐在车座上，而有些人则喜欢离开车座，以站姿骑行。

用时总计	50 ~ 80 分钟
热身	10 分钟轻松骑行
骑行地形	持续爬坡
训练强度区间	3
训练时间	30 ~ 50 分钟
整理运动	10 ~ 20 分钟

这种练习的目的是保证持续爬坡时的坐姿骑行时间。找一个加长坡道，进行持续 30 ~ 50 分钟的爬坡骑行，保持好踏频和轻松换挡，尽量控制好心率，所以训练强度区间不要超过 3。这时的速度并不重要，而是要更关注心率、形体和坐在车座上的时间。

有时，你可能必须起身再坐回来，反复一两次都没有问题，毕竟我们中的绝大多数人都不像落基山人或阿尔卑斯山人那样擅长爬坡。如果你想下坡，一定要保持与上坡时差不多的踏频，下坡时也要用力蹬脚踏板（利用下坡技术会让下坡骑行更加有效）。

长途骑行

用时总计	至少 120 分钟
热身	可省略
骑行地形	多样；如果你必须爬坡，要轻松进行
训练强度区间	2
训练时间	至少 120 分钟
整理运动	可省略

不要忘了涂抹防晒霜！以前的车手都不愿意使用防晒霜，因为防晒霜会影响排汗。但现在不同了，绝大多数车手都会在开始阳光下的长途骑行之前大面积涂抹防晒霜。显然，与影响排汗相比，保持健康和避免皮肤癌的发生更重要。

今天是基础性训练的重要时刻，从这一刻开始，你将进入真正的长途骑行。这种骑行的难度不是因为它的强度，而是因为长度。随着你越来越强壮，骑行时间也会延长。但在开始时，不要用力过猛。你得避免受伤，但也必须持续拉长距离。这个时期的训练会为未来的能力打下基础。

在开始这次骑行之前要大量进食并注重食物的质量。每次完成骑行训练后，要立即补充食物，为明天的训练做准备。如果在长途骑行之前没有准备充足，就会导致进入这个阶段时陷入困境。因此要确定在骑行中随身携带大量食物和补水来源，确保身上有钱，以便可以随时补给。（虽然我很不愿意承认这种事儿，却又不得不说；有很多次是冰可乐拯救了我的训练！）

你可能更喜欢环路骑行，而不是往返线路。环路会使骑行更有娱乐性，还能够强化远距离骑行意愿。你可以考虑骑往另一个城市或一处著名景点，上班时就有可以炫耀的了。这样的话，当你完成长途骑行训练时，内心就会充满自信和自豪感。

"老奶奶"骑车——长距离慢速骑行

要一直确保鞍囊中有齐全的装备，它们都很有用。这些装备包括备胎、拆轮工具、补胎工具、多功能工具和两个气门芯。别忘了塞进一些钱，你不确定什么时候自己会感到饿、会需要搭车或要乘坐公交车回家。我曾经有过在一次雷暴天气中经历3次轮胎漏气的情况。我好不容易走到了公交车站，但是却被拒绝搭乘，就是因为我身上没有现金！好在有个好心的司机允许我将脏兮兮的自行车放进他的车里并把我送回家。

用时总计	60 ~ 120 分钟
热身	可省略
骑行地形	平坦
训练强度区间	1 或 2
训练时间	60 分钟或 120 分钟
整理运动	可省略

实际上这是一次长距离恢复性骑行，可以骑得既慢又轻松。不必总是看里程表，因为它会提示你去某个地方。这种骑行并不注重距离，而是注重你的骑行时间。如果其他人超过了你，还冲你喊"老奶奶"，你就会知道你做对了。要关注脚踩踏板的技巧和你已经为自己设定好的目标。这种骑行可能速度很慢，但的确是在为未来的成功奠定基础。

节奏——匀速骑行

用时总计	80 分钟
热身	10 分钟放松骑行
骑行地形	平坦、起伏路或山坡路（均可）
训练强度区间	3
训练时间	60 分钟
整理运动	10 分钟

这种骑行应该略低于乳酸阈。你要在整个骑行过程中尽量保持匀速和心率可控的状态。在比赛期间，领队会告诉自己的队员要骑到前面去，然后按"自己的速度"骑行。他们就是想让赛车手将速度控制在一种合理的节奏上，避免让车手的体能存储透支。切记，如果运动强度低于自身乳酸阈，大部分能量来自脂肪。节奏骑行时要求保持高水准骑行踏频，但是，如果在比赛中需要提速时，仍然存在提速的体能空间。

要训练自己至少每 15 分钟饮水一次。如果记不住就设一个闹铃。你得养成取瓶饮水的习惯，甚至要在感到口渴之前就进行补水。当然，补水也是根据实际情况进行的，但是一般的规则是，每小时应该喝光一瓶水。

慢速车手——慢速间歇式训练

在开始这种骑行训练之前，你应该完成一项家庭作业：上网寻找一些视频资料，观察职业车手如何爬坡。注意他们在踩踏踏板时腿部如何流畅地完成圆周运动。通过踏频施加压力时，脚跟保持在低位。在执行这些慢速间歇式训练期间，要尽量模仿职业车手的姿态。

用时总计	60 ～ 120 分钟
热身	可省略
骑行地形	平坦
训练强度区间	2
训练时间	50 ～ 120 分钟
整理运动	结束骑行前至少进行 10 分钟轻松骑行

在这类骑行中要进行间歇式训练，这些训练并非建立在强度的基础上，而是培养蹬车技巧。以超慢速踏频完成一次 10 分钟的间歇骑行。如果你通常以 85 ～ 100 转 / 分踏频骑行，在进行这些间歇骑行时，要将踏频调低至 55 ～ 65 转 / 分。车轮转动时，要关注踏蹬动作。请阅读第 14 章，学习合理的踏蹬技术和力量分配。要先确定在进入"慢速车手"训练时已经完成一定量的基础性骑行距离。在这个练习中，因为扭矩增加，这项练习会对韧带和肌腱施加更大的拉力，因此完成一定量的基础性训练是非常必要的。

小组训练

用时总计	60 ~ 120 分钟
热身	听从小组指令
骑行地形	平坦
训练强度区间	3 或 4
训练时间	60 ~ 180 分钟
整理运动	按小组要求的时间进行

　　这是一项小组训练，你要跟随骑行！当我还是一名车手的时候（那是非常久远的以前），我会经常参加室外骑行训练，每周三都会骑往卡那罗。那是一种小组骑行训练，你可以和任何一个队员进行比赛。直到今天，只要一想到小组骑行训练，我就会想到卡那罗。

　　先要在当地找到优秀的小组骑行团队。可以去当地的自行车专卖店问问，了解车手们约定的时间和地点。这种骑行应该持续 1 ~ 2 小时，这种时间长度最好。尽量避免小组骑行的距离太短，因为短距离可能会使队员之间进入速度竞赛，但这并不是我们想要的。如果大家一起提高了车速，这也没有太大的问题，但不要被带偏了，进入一种环城赛或冲刺赛的状态。

　　在小组骑行中，要避免与任何人相距"半个车圈"的距离。"半个车圈"是指你频繁领先近身者很小的距离，这会导致这个伙伴为了追上你而不断加速，你的速度也会变得越来越快。礼貌的方式是，在并列骑行时，你的前轮和对方的前轮速度相当。

狂飙时刻——快速间歇式训练

调整挡位有助于提高效率。正如汽车发动机一样，变换挡位可以实现最高效率。一般来说，当骑行更加用力时，需要合理协调腿部产生的发热和肺部产生的发热。提高踏频会在胸腔造成发热，同时降低腿部的发热。反之亦然，降低踏频并增加扭矩会减少肺部发热，但会增加腿部的疼痛。

用时总计	60 ~ 120 分钟
热身	可省略
骑行地形	平坦
训练强度区间	2 或 3
训练时间	50 ~ 120 分钟
整理运动	以正常踏频 10 分钟轻松骑行

高踏频意味着火力全开，在这里称为"狂飙"！这是为了训练合理的踏频，让骑行更有效率，在进行更高难度的骑行时更能保持高速踏频。以前的职业车手习惯于慢踏频，但是过去十多年来，大多数杰出的坡道车手和赛车手发现踏频越快骑行效率越高。在观看环法自行车赛任何阶段的比赛时，注意观察第一集团的车手在进入 Hors catègorie 坡道时是如何表现的，然后你会发现这个秘密。

这个训练与"慢速车手"训练正好相反。在这种骑行中，要进行一次 10 分钟的间歇式快频蹬车。如果平时踏频是 85 ~ 100 转 / 分，那么，在这种间歇式训练中，应该将踏频提高到 115 ~ 120 转 / 分。注意技巧，保持动作的流畅。随着踏频加快，身体可能会从车座上弹起。要尽量放松腿部肌肉，使肌肉群在整个画圈动作中保持既流畅又平稳的状态，这是你的目标。

漫长的恢复——长距离恢复性骑行

用时总计	60 ~ 120 分钟
热身	可省略
骑行地形	平坦
训练强度区间	2
训练时间	60 ~ 120 分钟
整理运动	可省略

　　这种训练绝不是看上去那么简单，它有非常重要的作用。在整个训练过程中，这种长距离恢复性骑行是在后期进行。经过数周的骑行训练，你会需要很长一段时间的休息和恢复。而这种训练有助于保持很好的耐力，同时也让肌肉得到恢复。这种训练没有严格的训练框架，但要求在这个过程中一定要保持真正的放松状态。你可以和朋友聊天、听音乐，或做任何有助于身体恢复的事情。

　　在进行长距离骑行时，要记得使用护肤霜。你可能需要些时间去习惯它，但在长途骑行过程中，护肤霜有助于避免发生鞍疮。在大腿内侧涂抹护肤霜后再穿上专用骑行短裤。切记，结束骑行后尽可能马上洗澡。每次骑行都要确保穿着干净的短裤，最好洗完后在通风条件好的阳光下将其晾干。

基础性训练计划示例

周	周一	周二	周三	周四	周五	周六	周日
1	休息或健身房	漫长的恢复 第 69 页	漫长的恢复 第 69 页	休息或健身房	城市巡航 第 61 页	咖啡慢时光 第 60 页	狂飙时刻 第 68 页
2	休息或健身房	漫长的恢复 第 69 页	节奏 第 65 页	休息或健身房	慢速车手 第 66 页	爬坡 第 62 页	"老奶奶" 骑车 第 64 页
3	休息或健身房	漫长的恢复 第 69 页	节奏 第 65 页	休息或健身房	狂飙时刻 第 68 页	节奏 第 65 页	长途骑行 第 63 页
4	休息或健身房	爬坡 第 62 页	漫长的恢复 第 69 页	休息或健身房	慢速车手 第 66 页	小组训练 第 67 页	"老奶奶" 骑车 第 64 页
5	休息或健身房	节奏 第 65 页	节奏 第 65 页	休息或健身房	狂飙时刻 第 68 页	"老奶奶" 骑车 第 64 页	长途骑行 第 63 页
6	休息或健身房	咖啡慢时光 第 60 页	爬坡 第 62 页	休息或健身房	漫长的恢复 第 69 页	小组训练 第 67 页	长途骑行 第 63 页

第7章

平地和多变地形训练

泰勒·菲尼的观点

泰勒·菲尼是 BMC 车队成员，曾获得 2012 年环意大利自行车赛第一赛段冠军，并于 2012 年参加了奥运会。

有些车手从事自行车运动纯粹是因为喜欢。他们处于完全无训练框架的环境中。当他们骑上自行车时，只为了享受到人人期望的那些益处，像是一次美妙的逃跑，它令人身心愉悦。

每个人都需要这样的骑行，包括最严格的职业车手。但是，如果你渴望升级比赛规格，也就是说你想进入下一个档次，成为比赛赢家，或者是能够遏制周六骑行时团队里那个总是领先的家伙，就必须进行间歇式训练。前面所说的那些"骑行爱好者"很快将会处于体能的"平原地带"，因为他们缺少结构性训练。我对室外运动十分热爱，从亲身经历中，我体会到十分有必要进行间歇式训练。如果你想基于目前的训练基础实现某个目标的话，唯一的途径就是进行间歇式训练。

比如说，我一直认为自己是个计时赛型选手，更擅长 15 ~ 20 分钟计时赛。在 2011 年，我参加世界巡回赛中的阶段赛，赢得了 5 千米赛段冠军。但在 2011 年的哥本哈根世界自行车锦标赛时，当时我参加了一个 46 千米计时选拔赛，参赛者几乎全是当今世界顶级的车手，我跟不上踏频，仅夺得了第 15 名。

2012 年夏天，我代表美国报名参加了伦敦奥运会的公路自行车赛和计时赛。当时，我的主项是计时赛，44 千米的赛程比我平时擅长的距离要长很多。当我听说了这个安排之后，就和我的教练一起制订了一个计划。这个计划包括了非常具体的间歇时段，我们力争通过这个计划将我这个"世界第 15 名"送入奥运会计时赛奖牌争夺者的行列。在奥运会来临前的数周内，我完成的间歇式训练堪称是魔鬼式训练。那年夏天的博尔德酷暑难当，我要骑着我的 TT 自行车连续训练 3 ~ 4 小时。必须承认，我从来没有经历过那么艰苦的训练，也从来没有进行过那么有针对性的训练。经过一周又一周的训练，收获是令人惊喜的，而且立竿见影。我为这次奥运会所做的准备是最充分的一次，我取得了第 4 名的骄人战绩，差一点儿夺得奖牌。继续坚持这样的训练，我在 9 月份举行的 2012 世界自行车锦标赛上摘得了银牌。在一年当中从第 15 名跃居到第 2 名，这无疑是一次重大的飞跃，而这是我花费数月时间进行精心的有针对性间歇式训练的结果。

你会爱上这些训练！好吧，也许你会对它们爱恨交加。这些训练的日子令人十分痛苦，让你感觉度日如年。目标已经设定，这令人有压迫感。你要经历各种折磨，有时候会多一点，有时候会少一点，但是，也许正是这些会使你爱上它们，因为，当你完成这些训练，它们会给你带来无与伦比的成就感。

我们说过，前一章中所描述的基础性训练就是为给后面几章中的训练打基础的。现在，你要真正进入能力训练主题了。这些练习主要训练有氧能量供给极限和无氧系统效率。在这部分，你的目标是提高你的乳酸阈，这个阈值越高，表现就越好。

你可能看过《摇滚万岁》这部电影。在电影中，奈杰尔有着令人生畏的能量，他说"这次要达到 11"。想象一下，如果你的阈值和你的最大心率相同，将会产生多么可怕的速度。奈杰尔把它调到 11，火力全开，出发！

但现实是，你根本做不到。其实谁都做不到。你的最大功率输出每次只能维护几秒，就算是世界上最伟大的车手，也没有人能够在相当长一段时间内维持最大功率。但是，你的训练目标重点应放在努力提高乳酸阈上，让它越高越好。你的最大摄氧量是个极限值，你的乳酸阈越接近最大摄氧量，就证明你越有能力在更长的时间里保持更高速的骑行。

这章的练习就是帮助你提高自身的乳酸阈，你会接触到很多种"阈值"训练。这个范畴的练习不仅要训练你的有氧和无氧系统，还要让整个训练都变得很残酷，使你能够尽量克服训练的残酷和痛苦。

这些练习真不是闹着玩的。世界上本来就没有什么是可以不劳而获的，如果你想提高保持高速骑行的能力，就必须面对艰苦的训练。职业车手全都是痛苦的。这让他们看上去有点自虐，他们就像苦行僧一样训练。也正是因为如此，他们才那么富有。你也许不必经历风吹日晒，但你必须进行艰苦的训练并完成它们。

在真正完成这些训练时，你一定会为自己感到骄傲。完成一整套间歇式训练是很了不起的。你甚至会发现，一把椅子或沙发都会给你从未有过的愉快感受。车手总说："能坐着为什么要站着？能躺着为什么要坐着？"当你在训练自己的乳酸阈时一定也会这样说。

无论你的体能目标是什么，间歇式训练都是无法逃避的组成部分。这章的内容不仅仅针对赛车手，如果你也想骑得更快、体能更好、成功减肥或完成自我挑战，就必须重视间歇式训练。

间歇式训练的基本要素

间歇式训练是很容易理解的概念。这样的训练是指训练和休息交替进行。间歇式训练的复杂性在于细节。你应该做多少次间歇？训练和休息各多少次？多久进行一次间歇式训练？这些问题总是折磨着车手和教练。在这一部分，我会描述一些基本要素，为你提供一些可以遵循的原则，帮助你设计练习内容。你也可以参考本章末的训练计划示例，看看示例是如何将间歇式训练与你的整个训练计划整合在一起的。

间歇式训练和本书中介绍的其他训练一样，可以采用多种强度参数为基础。主观运动强度量表（RPE）、乳酸阈心率（LTHR）、乳酸阈功率（LT Power）和最大心率（MHR）都可用于指导训练。练习会明确训练的特定强度区间，并允许你选择不同的强度测量手段。

总之，休息期与工作期和强度有关，间歇越短，强度就越大。因为你所进行的是高水平的训练，间歇越短所需的休息时间就越长。更长的间歇主要涉及有氧运动区域，这个区域的训练没有让你处于透支状态的超高强度，所以也就不需要太多休息时间。

本章中的训练都是将强度和两种测试恢复手段中的一种相结合：

1. 一段设定的休息期；
2. 心率降至乳酸阈心率百分比或最大心率百分比。

间歇式训练速记法

许多教练在记录间歇式训练时都会使用速记法。你可能也见过类似的记法：1×3×10。如何理解这些数字呢？在这个式子中，第一个数字代表间歇式训练的时长（分或秒），第二个数字代表恢复时间（分或秒），而第三个数字代表需要进行的间歇式训练次数。因此，1×3×10 表示进行 1 分钟间歇骑行训练后休息 3 分钟，整个训练会有10 次间歇。需要注意的是，休息和骑行之间的关系经常用一个比值来表示。本例中，间歇训练的休息发力比为 3 : 1。

间歇式训练是所有有效训练计划的基础。骑行并不容易，但它会给你带来很多好处，而你也必须因此受苦。你会变得更加强壮、更加健康，这都是因为你为间歇式训练付出了时间。

训练亮点

切记，基础性训练有两种水平，一种是低难度，一种是高难度。间歇式训练中的大部分练习都属于高难度。在这类练习中，你需要在自身的乳酸阈值水平或高于乳酸阈值水平持续训练。有些练习的设计是为了能在两次骑行之间得到良好的恢复，另一些则是在你准备充分之前启动全新的发力，这些都是为了激发你的生理机能，提高你的乳酸阈。

每种方式都各具优势。预先设定时间的方式更容易掌握。在恢复期间，你不必费心查看心率表或跟踪心率，只需查看骑行计数秒表。基于心率百分比的间歇式练习更加有益，这种练习方式根据生理反应进行间歇式训练，而不是基于一个武断的时间量。不足之处是这种方式有点复杂，还需要使用心率表。

在本书中，间歇式训练是基于时间的。这种情况下，你所接触到的各种不同的间歇式训练方式都会变得简单，不必根据心率表显示的数据将训练搞得那么复杂。

全速前进

要适应不适感。这些"全速前进"的训练是巨大的挑战。大多数人一生都不知道付出100%的力气是什么样的感受。一旦你体验过几乎到达极限所产生的不适感，就能更真切地感受自己的体能。大多数人都可以超越想象中的自己，通过努力使自己摆脱舒适区，你会发现身体素质有了显著的提升，训练效果令人吃惊。

（30 秒 ×90 秒 ×8）

用时总计	大约 50 分钟
热身	15 分钟慢速骑行
骑行地形	平坦路面或起伏坡道
训练强度区间	6
训练时间	16 分钟（在强度区间 6 用时 4 分钟）
整理运动	20 分钟

准备好，出发！下面是"全速前进"的间歇式训练。一定要保证有效的热身。在进入强度区间 6 之前，在强度区间 4 和 5 骑行几分钟作为热身。

你要全力骑行 30 秒，然后休息 90 秒，一共进行 8 次循环练习。

在整个间歇式骑行过程中必须保持良好的骑行节奏，不必着急进入更高难度的挡位。做这些间歇式训练时，双手位于弯把位置，同时保持上身自然直立。这周刚开始时，我在队车里观看环意自行车赛阶段赛的最后几千米的视频。根据车手的姿态和上身动作，就能发现队中谁"骑得更好"，谁已经"如坐针毡"。范德·维尔德的肩部一直保持得非常平直，仅在 5 千米距离内就将与领先者的差距从 4 分钟缩小到 1 分钟，全靠自己的拼搏！

这些间歇式训练的休息发力比为 3 : 1。你要在 30 秒的时间内拼尽全力，然后在再次发力前让身体得到休息。这是高强度训练，因此，要系好安全带，保证加速器能够一触即发。请注意，你只有 4 分钟"全速前进"的时间，其余时间都是热身、体力恢复和整理运动。

充分恢复——短时冲刺

（45 秒 ×5 分钟 ×4）

用时总计	45 ~ 50 分钟
热身	15 分钟慢速骑行
骑行地形	平坦路面或起伏坡道
训练强度区间	6
训练时间	18 分钟（在强度区间 6 用时 3 分钟）
整理运动	10 ~ 15 分钟

发力	休息
45 秒	5 分钟
45 秒	5 分钟
45 秒	5 分钟
45 秒	整理运动

这是一个简单地将 45 秒冲刺与 5 分钟休息组合的间歇训练。这种训练看似运动量不是很大，但要注重如何从每次间歇中取得绝对利益。

在整个间歇式训练中应注意姿态，一旦开始就不要变换姿势。这个练习会让你筋疲力尽，甚至希望以爆胎来提前结束练习。

然后休息 5 分钟，要让自己在启动下一个间歇时感觉已经得到了良好的恢复。这个训练用时很短，因此，如果你时间有限，这个练习是很好的选择。

在开始训练之前要有常规的"加油程序"。如果在骑上自行车之前不好好照顾自己，骑上自行车之后就无法取得最如效果。因此，最好在训练开始之前 1 ~ 1.5 小时简单吃点东西，能量棒、香蕉或酸奶即可。你可以尝试寻找那些让你感觉更好且不影响骑行的食物。

发动与熄火——变速冲刺

要保证鞋子非常整洁！职业车手总是喜欢干净的鞋子。在比赛开始之前走进任何一辆团队大巴车，你会看到所有职业车手都在用湿纸巾擦拭他们的骑行鞋。这样做不知是否有助于提高速度，但是，干净的鞋子总是让你看上去更有吸引力。当你低头看到围绕曲柄运动的脚，干净的鞋子可能会为你提供一点多余的能量，这是职业车手的一个秘密。

（15 秒 ×15 秒 ×8）

用时总计	50 ~ 60 分钟
热身	15 分钟慢速骑行
骑行地形	平坦路面或起伏坡道
训练强度区间	6
训练时间	12 ~ 17 分钟
	（在强度区间 6 用时 7 分 30 秒）
整理运动	20 分钟

这些练习都是快上快下的间歇式训练。你将在极快速运动和极慢速运动之间快速转换：15 秒火力全开，15 秒休息。完成 8 轮循环后，可以休息到自己感觉完全恢复了为止（可能是 5 ~ 10 分钟）。然后做好准备再来一次，再次完成一个 8 次间歇。

前面我已经说过，强度越高的间歇训练就需要越长的恢复时间（通常是 2:1 或 3:1 的比例）。但是，有时也有例外。这个训练故意设计成让你退无可退，极度疲劳。这是为了让身体适应每次间歇完成之后更高的体内废物积累水平。

在发力期间，不要纠结坐着好还是站着好，但要不断调整站位或坐位，让身体始终处于"猜想"状态。请记住，身体本身倾向于保持体内平衡，它一直都在猜想接下来会发生什么。你的任务就是让生理系统处于"猜想"状态。

休息时，要更加注重以一种可控的规律的方式呼气。许多新手过于担心将空气吸入肺部，与此相反，你的注意力应该放在控制呼气上，吐出全部多余的二氧化碳。当你建立一种可控节奏时，就会自动完成吸气部分。

1 分钟间歇

（1 分钟 × 可变 ×8）

用时总计	50 ~ 60 分钟
热身	15 分钟慢速骑行
骑行地形	平坦路面或起伏坡道
训练强度区间	4 或 5
训练时间	22 分钟
	（在强度区间 5 用时 10 分钟）
整理运动	20 分钟

发力	休息
1 分钟	30 秒
1 分钟	45 秒
1 分钟	1 分钟
1 分钟	75 秒
1 分钟	5 ~ 10 分钟

在"1 分钟间歇"训练期间，所有伴随着休息期的发力周期中，发力时长保持不变，但休息时长逐渐增加。这是因为，你可能在完成第一个间歇后很快恢复，但后面反复进行的间歇会需要更长的恢复时间。每次进入下一周期时，都需要更长一点的休息期。如果你在进行以分钟为单位的间歇式训练时佩戴了心率表来指导恢复时长，就会发现相似的模式，也就是说，你需要更长的休息时间让心率降到即将发力前的水平。

优秀的车手总是担心恢复问题。如果你每周进行几次高强度间歇式训练，就需要分外关注腿部肌肉的恢复。请记住，身体的适应性调整只在休息阶段发生，而不是在训练期间发生。

双倍用时

在整个间歇式训练中，你可以运用一些心理技巧。其中有一个技巧就是每 30 秒变化一下手的位置。这是一种短期的心理安抚，它可以帮你顺利过渡到间歇式训练中的下一个步骤。比如，从下把位开始移至上把位，然后移动到上管，最后回到下把位。变化姿势，会让你感觉更加流畅。

（2 分钟 ×2 分钟 ×4）

用时总计	大约 60 分钟
热身	15 分钟慢速骑行
骑行地形	平坦路面或起伏坡道
训练强度区间	4 或 5
训练时间	14 分钟
	（在强度区间 4 或 5 用时 8 分钟）
整理运动	20 分钟

发力	休息
2 分钟	2 分钟
2 分钟	2 分钟
2 分钟	2 分钟
2 分钟	整理运动

你是否曾有过那种时间变慢了的感觉？对的，在"双倍用时"间歇式训练时，你会感觉 2 分钟长得像是一辈子！你必须在强度区间 4 的上游水平或强度区间 5 的下游水平进行这种 2 分钟间歇式训练。在进行所有"双倍用时"的间歇式训练中，要注意呼吸，特别是呼气，在整个蹬车过程中还要注意力量的分配。

完成这样的一些间歇式练习后，你就会非常自信自己有能力在攀登坡道时爆发出力量，能在上坡时进行冲刺，或在甩开同伴时保持均匀持续地发力。

上紧发条——递增式冲刺

（可变）

用时总计	大约 60 分钟
热身	15 分钟慢速骑行
骑行地形	平坦路面或起伏坡道
训练强度区间	4 或 5
训练时间	14 分钟（在强度区间 4 或 5 用时 8 分 30 秒）
整理运动	20 分钟

发力	休息
30 秒	30 秒
45 秒	45 秒
1 分钟	1 分钟
2 分钟	10 分钟

在 10 分钟休息期间，确保采用的是一种轻松的骑行方式。轻松的骑行方式比完全停止运动更有助于尽快恢复。经过高强度发力后，这样做的确能够见效。即使你已经筋疲力尽，但是必须保持腿部处于运动状态。这样做会强化能量输送，清除腿部产生的废物。

这种训练的残酷性在于你很明白自己正在进入持续加长的间歇式训练时期。在你启动下一次发力之前，没有足够的时间从上一次间歇中恢复。在训练中要保持专注，尽你所能，在整个发力过程中保持全神贯注，完成两个周期。

值得高兴的是，你的体能正在提升，你正在对自己的身体系统施加更大的刺激。"上紧发条"一定会触发警戒（当你完成第一个周期累到崩溃的时候，你一定会感觉到它的存在）。一旦压力产生，身体就会在休息时去适应这种压力。渐渐地，你的速度会越来越快，身体也变得更加健壮。有条真理说的是，世界上没有免费的午餐！要想获得这种成果，你要付出的代价就是奋力完成间歇式训练计划。

松开发条——递减式冲刺

骑行前要习惯性地检查刹车系统、轮胎压力和其他装备是否正常。即使有专业的机械师帮你修理了自行车，你自己仍然要确保自行车能够正常工作。装备检查可能需要 30 秒，但可以保证骑行过程中万无一失。

（可变）

用时总计	45 ~ 60 分钟
热身	15 分钟慢速骑行
骑行地形	平坦路面或起伏坡道
训练强度区间	5
训练时间	13 分钟
	（在强度区间4或5用时8.5分钟）
整理运动	20 分钟

发力	休息
2 分钟	30 秒
1 分钟	45 秒
45 秒	1 分钟
30 秒	10 分钟

"松开发条"要求你控制节奏。在开始第一个 2 分钟间歇时，发力水平仅低于"双倍用时"，还要进行一个反向休息间歇，因此，你不能在第一个 2 分钟消耗全部体力。

"松开发条"不会像"上紧发条"那样对心理造成很大压力。在这个间歇式训练中，每次的发力时间越来越短，这会在训练过程中给车手一种心理慰藉。间歇式训练就是将一切都摆在明面上，让你能够清楚地看到你会得到什么。如果在最后 30 秒你没有势如破竹也不必泄气，关键是你是否已经竭尽全力。此外，这只是在训练，而不是比赛，要记住，这些训练都是为了提高承受力和体能。不必担心速度，特别是因为疲劳而导致的速度下降。

超长间歇

（5 分钟 ×3 分钟 ×3）

用时总计	45 ~ 60 分钟
热身	15 分钟慢速骑行
骑行地形	平坦路面或起伏坡道
训练强度区间	4
训练时间	21 分钟（在强度区间4 用时 15 分钟）
整理运动	10 分钟

发力	**休息**
5 分钟	3 分钟
5 分钟	3 分钟
5 分钟	整理运动

"超长间歇"训练是这一章中间歇最长的间歇式训练。这种训练处于强度区间 4 上游水平。尽量在完整的 5 分钟中保持发力的最佳状态，在 3 分钟休息时段放松骑行。

在进行这些间歇式训练时要尝试找到一种节奏感，同时注意保持姿势。第 9 章的计时训练中也有同样的要求。要保持背部尽量平直，蹬车的画圈动作圆滑流畅。

进行这组训练时，踏频要有所变化。首次发力时踏频稍快，第二次发力时踏频稍慢（更大挡位），第三次发力时使用平常的踏频。这样做能让你的肌肉在每个周期中有不同的运动方式，同时在每个 5 分钟发力期侧重不同的方面。

身体的体温增高时，体能会下降，因此，要尽量避免体温升高。在热天进行高强度骑行时，要定期给身体泼水降温。风会加强这种冰爽的感受，给人心理上的激励。在进行高难度的间歇式训练期间，要带一瓶饮用水和一瓶用于降温的普通水。在极度高温时，将水从头部浇下来，这没什么不妥！

非结构化的法特莱克（Fartlek）训练

千万不必过度沉浸于训练而忘记享受生活。即使因为没有坚持训练计划而感到焦虑，也不必在这个问题上浪费时间。尝试进行法特莱克训练法，并享受这个过程！任何时候重整旗鼓都为时不晚。

（可变）

用时总计	60 分钟
热身	10 分钟慢速骑行
骑行地形	平坦路面或起伏坡道
训练强度区间	4 ~ 6
训练时间	40 分钟
整理运动	10 分钟

发力	**休息（举例）**
5 分钟	1 分钟
1 分钟	2 分钟
45 秒	5 分钟
2 分钟	1 分钟
冲刺	整理运动

简言之，一次法特莱克练习是指一次可变的连续的间歇式训练。在这种无框架法特莱克训练中，你可以任意选择自己喜欢的踏频，只要保持训练不断变化即可。例如你可以做一次 2 分钟间歇式训练，休息 1 分钟，然后再进行一次 5 分钟间歇式训练，休息 30 秒，然后换成一个高速的 15 秒冲刺式骑行。

这种间歇式训练最适合与朋友一起进行。你们可以利用路牌或别的标记作为间歇结束的标志。例如从一个停车标志牌开始，用力骑行 1 分钟，恢复性骑行 2 分钟，然后向下一个路标冲刺。

这种训练结合了本章前面说过的多种间歇式训练方式。这里没有对错，只要求富于变化。完全像进行间歇训练的嬉皮士——"为所欲为就好！"

比赛式骑行

用时总计	60 ~ 90 分钟
热身	15 分钟
骑行地形	平坦路面或起伏坡道
训练强度区间	4 ~ 6
训练时间	30 ~ 60 分钟
整理运动	15 分钟

到你社区的自行车专卖店或骑行俱乐部去了解什么时间会有快速骑行训练。大部分地区都会在一个特定的日期举行"比赛式骑行"。如果你认为自己还没有准备好。不想去参加这种有组织的小组骑行，可以尝试和几个朋友一起来一次"挑战赛"。

这种比赛的目的是迫使你以别人的踏频骑行。你无法提前设定训练内容或为间歇做心理准备，因为这种快速骑行每次都会有所不同，但它和我们在第 6 章中所说的小组训练不同。小组训练也是一种小组骑行，但那种骑行不是比赛式的。小组训练也可能包括快速骑行阶段，但除了这一点之外，它就是一次小组骑行。"比赛式骑行"要进行分组比赛。

我还记得，在去加利福尼亚戴维斯参加比赛之前，我非常紧张，那场比赛有 50 多名选手参加，激烈程度不亚于奥运会。这种训练非常刺激，同时也能学会一些分组骑行的基本法则。开始可能会感觉有些恐怖，但你会在骑行过程中放松下来。很快，它就可能成为你训练生涯的光辉里程碑。

你要为这种比赛式骑行做充足的准备。将随身携带的能量棒或想吃的其他食物分成小份，便于在比赛中取食。将食物放入口中，然后将手放回车把的速度越快，你就会越放松，也会感觉越安全。

间歇式训练计划示例

周	周一	周二	周三	周四	周五	周六	周日
1	休息	充分恢复 第 77 页	城市巡航 第 61 页	休息或健 身房	非结构化的 法特莱克 （Fartlek） 训练 第 84 页	"老奶奶" 骑车 第 64 页	节奏 第 65 页
2	休息或 健身房	上紧发条 第 81 页	节奏 第 65 页	咖啡慢时光 第 60 页	休息	比赛式骑行 第 85 页	"老奶奶" 骑车 第 64 页
3	休息	1 分钟间歇 第 79 页	咖啡慢时光 第 60 页	休息或健 身房	狂飙时刻 第 68 页	充分恢复 第 77 页	长途骑行 第 63 页
4	休息	松开发条 第 82 页	城市巡航 第 61 页	休息或健 身房	爬坡 第 62 页	非结构化的 法特莱克 （Fartlek） 训练 第 84 页	"老奶奶" 骑车 第 64 页
5	休息	松开发条 第 82 页	休息	超长间歇 第 83 页	休息	比赛式骑行 第 85 页	长途骑行 第 63 页
6	休息或 健身房	双倍用时 第 80 页	节奏 第 65 页	休息	狂飙时刻 第 68 页	"老奶奶" 骑车 第 64 页	非结构化的 法特莱克 （Fartlek） 训练 第 84 页

第 8 章

爬坡训练

蒂米·达根的观点

蒂米·达根是 Saxo-Tinkoff 职业自行车队成员、2012 年美国职业赛冠军、2012 年奥运会参赛选手。

无论怎么说，爬坡只是一维的平面运动。看似简单，可是要做的只是到达山顶这样简单而已吗？实际上，爬到山顶谈何容易，尤其是在比赛中爬坡，是一个极其艰苦的过程。无论是独自骑行还是小组骑行，你都要根据爬坡的实际需要进行体能分配。在紧急加速或极陡路段，可能需要在一小段时间内爆发出巨大动力，却只能在自身乳酸阈值水平线下进行恢复。无论你是在阿尔卑斯的铁十字山 26 千米自行车赛中开足马力，还是奋力冲过阿姆斯特黄金赛的那要命的 1 千米陡坡，自行车运动中的爬坡与 100 米疾速冲刺和残酷却更加匀速的马拉松没有什么区别。

在比赛当中，我从未真正从容向前，轻松进入坡道，并以自己的踏频完成比赛。因为每个人都想占据有利位置，所以往往在爬坡的前几分钟，人们的踏频已经变得很疯狂。在训练中，我喜欢在进入坡道底部时开始加速或发力，复制比赛时的情形。

大多数情况下，爬坡最难的地方就是在开头和结尾。在训练时，我会从坡道底部开始模拟这种情况，然后必须进行休息以释放掉猛烈发力所造成的压力。在山顶骑行阶段，我要以爬坡的力度用沉重的双腿做最后的挣扎。

本章的训练明确了各种情况下要想成为优秀的爬坡型车手需要打磨的"利器"，那就是要能够应对坡道或其他车手甩给你的任何问题，同时还要能够快速恢复体力并保持强有力的踏频。

这章可能是你在这本书中最喜欢的一章，或者你会说，正好相反。有些车手是坡道勇士，而有一些则是平地"杀手"。即使你属于后者，也要在一段时间内每次都取得爬坡的进步。如果你喜欢爬坡，就要充分理解这些练习。

爬坡训练注重 3 个方面：乳酸阈、持续功率和技术。训练全面才能提高坡道骑行水平。接下来的训练将帮助你重点关注发力，这样就不会浪费坡道训练的时间。

你的乳酸阈值越高，上坡能力就越强。你一定希望继续提高阈值，让它更接近最大心率。因为你知道，阈值越高，功率输出越大。心血管系统将向肌肉系统持续输送能量，使肌肉能够长时间有力地运动。

这些训练将有效提高肌肉力量。爬坡训练与在健身房中进行的负重训练有些相似。爬坡时就像举重一样，这和你在健身房举起压腿器的对抗重力作用练习是一样的原理。通过反复爬坡训练，肌肉会变得强大，从而获得力量与爆发力。随着乳酸阈值的提高，发达的肌肉与有效的能量输送相结合，你就会成为一部强大的"登山机"。

爬坡绝不只是尽量长时间地使劲蹬车，同样还要关注效率。不要在拼尽全力时还要因为身体在车上猛烈摆动而浪费能量，尽量保持身体平稳，避免肩部和头部来回摆动；在整个踩踏行程中足部都要施力，下摆腿和上摆腿要协调配合，不要用下摆腿来完成上摆腿的工作，这样效果会更好。

车手应该尽量保持在爬坡时臀部不离开车座。但是，这并不是说站姿不好。有时也需要起身骑行，比如在经过陡峭路段、崎岖路段、加速甚至发生肌肉疼痛时，就需要起身骑行。我在爬坡时，会有规律地起身，这样做会使胳膊和腿不至于过分僵硬。起身骑行也让爬坡过程有所变化，能够稍微缓解心理紧张。在非常艰难的骑行中，这样做会收到意想不到的效果。

切记，爬坡训练的日子也是下坡训练的日子。有些世界顶尖的爬坡型选手没有赢得比赛，是因为赢得比赛的车手也擅长下坡，并在下坡时取得了明显优势。总而言之，下行时你的自行车要处于受控状态，你的眼睛要盯着路面，以便盘算骑行路线。建议有机会看看汽车或摩托车的比赛，观察那些赛车手为何总是如有神助般找到最佳路线，让他们得以顺利驶过弯道。

训练亮点

有位职业车手曾告诉我如何快速下坡。他说："如果你想骑得更快，就一定要完成 3 件事：第一，骑上车；第二，不要碰刹车；第三，不要失控。"但当你从山顶以 88.5 千米／时的速度俯冲下来时，要做到这些并非易事，所以必须花些时间学习如何下坡。但是考虑到你可能并没有赢得环法自行车赛的野心，所以要多加小心。在骑行中，要注意技术和姿势，保持舒适并享受一冲到底的快乐。

四分之一

你要对自己说：向坡道前进！要在心理上做足准备！骑行之前回顾一下做过的训练，将注意力全部集中到一个事实上，那就是你能够完成上坡，同时上坡会提高体能。许多人就是因为缺乏自信而在上路之前就有了懈怠。

用时总计	60 ~ 90 分钟
热身	15 分钟
骑行地形	山区或缓坡
训练强度区间	4 和 5
训练时间	24 ~ 66 分钟
整理运动	10 分钟

在当地找到一段适合训练的坡道，最好整个路段都有类似的难度级别，但也只能根据实际情况进行选择。这种训练被称为"四分之一"训练，因为我们会将坡道划分为 4 节。至少进行两次重复爬坡，如果坡道长度和体能允许的话，还可以加量。每节为一次 3 分钟间歇训练。

首次爬坡

第 1 节	区间 5
第 2 节	区间 4
第 3 节	区间 5
第 4 节	区间 4

第二次爬坡

第 1 节	区间 4
第 2 节	区间 5
第 3 节	区间 4
第 4 节	区间 5

第三次爬坡也像前面那样交替进行。因为你的"恢复"是在自身的乳酸阈值水平上（区间 4）完成的，因此这些训练对你而言并不轻松。这样做是训练身体处理前面发力所产生的全部垃圾，同时还要努力保持一个合理的爬坡踏频。你一定会感到非常刺激！

爬坡痛点——间歇式爬坡

用时总计	50 ~ 90 分钟
热身	15 分钟
骑行地形	山区或缓坡
训练强度区间	4 和 5
训练时间	24 ~ 66 分钟
整理运动	15 ~ 20 分钟

这些骑行训练真像受刑，那是因为这些训练的目标是能够让你的身体在乳酸堆积时继续发挥功能。一次完整的间歇式练习包括一次发力和下一次发力前进行的恢复。与"四分之一"训练相似的是，"爬坡痛点"训练也需要在运动中进行恢复。热身结束后，在强度区间 5 进行 30 秒爬坡间歇。你可能需要像在加速时那样起身，然后保持 30 秒的强劲发力，然后坐回到车座上，在区间 4 进行很有挑战性的 5 分钟爬坡训练。如果体力允许的话，再重复一次。

爬坡时要保持高速踏频，如果感觉速度开始下降，就站起身来。如果必须在坡道加速，起身发力的效果也更加明显。

慢行者爬坡

如果是在比较寒冷的天气骑行，特别是在坡路上时，要多穿几层衣服。多穿几层衣服好过只穿一件厚夹克。在爬坡过程中，你会热起来，可是在下坡时，又害怕扑面的寒风。多穿几层衣服就可以在需要的时候拉上拉链。如果你是经验丰富的车手，可以在骑行中完成这些动作，但是千万要当心，不要为了省下几秒时间而造成车祸，否则就太不值得了。

用时总计	60 ~ 90 分钟
热身	15 分钟
骑行地形	山区或缓坡
训练强度区间	3 或 4
训练时间	30 ~ 60 分钟
整理运动	以较快踏频轻松骑行 15 分钟

想成为强大的爬坡型选手吗？可以将"慢行者爬坡"训练视为一种针对爬坡的力量练习。这个训练与健身房中进行的负重深蹲相似，目的就是培养爬坡时的持久力。

每个间歇为 10 分钟，紧接着进行 5 分钟放松骑行。如果你的正常爬坡踏频在 85 ~ 100 转 / 分，在这种间歇练中要调整到 55 ~ 65 转 / 分。

在进行这些训练时要关注形体的各个方面。注意后背姿态，将手放在上把位，保持身体运动流畅，没有摆动。在整个车轮转动过程中保持蹬车动作顺畅。想象一下，你正在碾过无法逃避的最难坡道。这种间歇训练无关速度，而是关乎力量和形体。请记住，这种骑行会对关节造成很大压力，因此，在进入练习时不要用力过猛，训练后一定要充分休息和恢复。

换挡（上－下）爬坡

用时总计	60 ~ 90 分钟
热身	15 分钟
骑行地形	山区或缓坡
训练强度区间	4
训练时间	30 ~ 60 分钟
整理运动	15 分钟

　　现在，我们要进行组合式骑行。以慢速踏频骑行 10 分钟，这种踏频和你在"慢行者爬坡"训练中的踏频差不多，然后恢复 5 分钟，再以快速踏频（115 ~ 125 转 / 分）骑行 10 分钟，再恢复 5 分钟，并重复动作。这些间歇会让肌肉有些不知所措，但这正是我们进行此项训练的目的。与其他训练一样，你还是要关注形体。在低速踏频和高速踏频之间转换时，你会真正感受到自身的生理系统所做出的反应。

　　下坡转弯的确惊心动魄，这是对神经系统的一场考验。当你进入弯道时，脚要充分与踏板接触，着力点位于外侧踏板。这会有助于将自行车重心压向地面，增加平衡感和稳定性。

上上下下——站坐结合爬坡

如果你需要存放额外的装备（如雨衣），可在自行车上安装一个便携式储物箱。

用时总计	60 ~ 90 分钟
热身	15 分钟
骑行地形	山区或缓坡
训练强度区间	3
训练时间	30 ~ 60 分钟
整理运动	15 分钟

以站姿开始，先爬坡 2 分钟，顺利过渡到坐着再骑行 2 分钟。继续保持每 2 分钟切换一次站姿和坐姿，直到 10 分钟用完为止。休息 5 分钟，保持轻松愉快的放松骑行。再次重复这个间歇。体能水平将决定你能做多少次这样的间歇，你应该在强度区间 3 骑行，即以仅低于乳酸阈值水平骑行。这个训练会帮助你在坐姿和站姿之间顺利切换，帮助你在长距离爬坡时，在坐姿和站姿之间找到一个流畅自然的踏频。请记住，坐姿爬坡是一种高效的爬坡方式，但有时候（比如遇到陡坡或大起伏路段时），你需要在坐姿和站姿之间转换。

加速

用时总计	45 ~ 75 分钟
热身	15 分钟
骑行地形	山区或缓坡
训练强度区间	3 和 5
训练时间	12 ~ 45 分钟
整理运动	15 分钟

以正常且稳定的速度开始，速度低于自身的乳酸阈值（强度区间 3）。假若你必须追上另一个选手或需要缩短与他人的距离，你要来一次加速，之后保持这个速度 30 秒（强度区间 5），再将速度降到强度区间 3 的水平。再次重复这一间歇，保持 30 秒"加速"。这种间歇都是 30 秒，然后休息 1 分钟。有了这些训练，你的体能指数会大为提升。争取反复进行 5 ~ 10 次间歇，如果感觉体能没有问题，可适当加量。不断重复这些练习，直到感觉加速度大幅下降为止。这种间歇式训练会刺激爬坡比赛的激烈程度，效果显著。在电视转播的自行车赛中，你会看到选手们冲刺，然后坐回车座，然后再次发动冲刺。

到达山顶后不要坐直身体。许多选手冲上坡顶后就立即坐直休息。但是，可能恰恰是这个时候拉开了你与对手的距离。冲上顶峰的时候，你的速度提升很快，要趁机拉大与跟随选手之间的距离，而且这样会激励你并给对手造成打击。训练时不必总想着当"老好人"！

追逐练习

如果可能的话，不要在下坡弯道骑行中刹车，要在弯道之前刹车，并流畅地滑过弯道。当然，你要避免在弯道时失去牵引力而滑出赛道。刹车时，一部分用于防止打滑的力量被用于减速，这就导致可能失去牵引力。你会体会到高中物理的确与平常生活密切相关！

用时总计	45 ~ 90 分钟
热身	15 分钟
骑行地形	山区或缓坡
训练强度区间	4 和 5
训练时间	15 ~ 45 分钟
整理运动	15 分钟

如果可以的话，最好与小伙伴一同参与这种训练。一人当兔子，另一个人当猎手。让你的伙伴以一定的速度开始爬坡，让他在路上领先大约 100 米的距离。现在，你要加速追赶他以缩短差距，但要注意你的速度不至于让你崩溃（一旦你追上了"兔子"，仍然继续骑下去）。这次，你以伙伴的速度骑行，慢慢让他赶上并再次与你拉开 100 米的距离，然后你重复上面的过程，再次加速追上他。你可以用这种骑行方式进行多种训练。可以在当天与伙伴轮流进行这种游戏，或另约时间进行；一天进行节奏训练，另一天进行"追逐练习"训练。

阈值爬坡

用时总计	45 ~ 90 分钟
热身	15 分钟
骑行地形	山区或缓坡
训练强度区间	4
训练时间	15 ~ 45 分钟
整理运动	15 分钟

这是一种简单的骑行训练，与第 3 章中所说的乳酸阈测试十分相似。找一处平整的坡路，然后按一种均匀恒定的节奏骑行。这是为了置身于坡道环境，找到一种自然的骑行节奏。你一定要操作挡位，以便找到踏频的"最有效点"。"节奏"训练会让你在面对坡道时更加自信，你会非常清楚自己的极限和能够保持踏频的时间段。

当你到达坡顶时，不要一到顶点就停下，而是应该直接骑过山顶，继续再蹬 50 ~ 100 米，以获得启动下坡的动力。如果你在参加比赛或想完成一次自己用时最短的骑行，那么完成爬坡后继续前进所争取到的几秒时间就显得弥足珍贵。

恢复性爬坡

千万不要忘记戴头盔。有些选手会在爬坡时摘下头盔，不幸的是，上坡时也有可能遭遇车祸。上坡的速度虽然不快，但仍有可能会重重地摔倒在地。我就有过这样的经历。我在经过一个崎岖路段时，前轮碰到鹅卵石发生打滑，我摔了一跤，头盔摔掉了，但我却毫发无损！

用时总计	30 ~ 60 分钟
热身	可省略
骑行地形	山区或缓坡
训练强度区间	2
训练时间	30 ~ 60 分钟
整理运动	可省略

这是关于如何能够轻松爬坡的训练。不要理会车速表的提示，这不是一次苦战，没必要选择太过陡峭的坡道，所选的公路应该有些梯度，能够调动出爬坡的力量即可。与朋友的聊天不要停，确保你还没有用力过猛。再次关注你的形体，提醒自己："嘿，这次爬坡任务竟没有那么难。"

爬坡训练计划示例

周	周一	周二	周三	周四	周五	周六	周日
1	休息	四分之一 第 90 页	城市巡航 第 61 页	休息或健身房	慢速车手 第 66 页	"老奶奶"骑车 第 64 页	节奏 第 65 页
2	休息或健身房	上上下下 第 94 页	节奏 第 65 页	咖啡慢时光 第 60 页	节奏 第 65 页	休息	"老奶奶"骑车 第 64 页
3	休息或健身房	爬坡痛点 第 91 页	城市巡航 第 61 页	休息	换挡（上 - 下）爬坡 第 93 页	咖啡慢时光 第 60 页	长途骑行 第 63 页
4	休息	节奏 第 65 页	加速 第 95 页	休息或健身房	城市巡航 第 61 页	比赛式骑行 第 85 页	长途骑行 第 63 页
5	休息	四分之一 第 90 页	狂飙时刻 第 68 页	休息或健身房	节奏 第 65 页	比赛式骑行 第 85 页	"老奶奶"骑车 第 64 页
6	休息	加速 第 95 页	节奏 第 65 页	休息或健身房	狂飙时刻 第 68 页	城市巡航 第 61 页	"老奶奶"骑车 第 64 页

第 9 章

计时训练

亚历克斯·豪斯的观点

亚历克斯·豪斯是 Garmin Sharp Barracuda 职业车队队员，曾获得美国 23 国道和多圈公路赛全国冠军，以及环犹他州阶段赛冠军。

计时骑行非常残酷，但却无法逃避。常言说"如果生活不轻松，你就要变得更强大"，这句话最适合描述计时训练。在计时训练中，车手一直都在与计时器做斗争，它轻巧、纤细、坚硬，却几乎战无不胜。但是，只要注意细节、认真训练、动作正确，计时训练会是自行车训练中最有成效的训练方式之一。打破一项个人纪录或势如破竹般地冲下高坡，世界上还有什么比这更激动人心的呢？

选择一条你可以进行常规骑行的环线。在日志中跟踪骑行时的各种条件，包括风速、气温和季节，再记下骑行中的各种变量。你要跟踪的数据还包括身体姿势、头部姿势和手部位置，并密切关注踏频。仅通过调整头部姿势，我就在环形赛道骑行中将成绩提高了一分多钟，有正确的姿势才能获得更快的速度和更好的时间表现。不骑车的时候也要做足功课。提高腰背部和大腿后群肌的柔韧性，这是长期要做的工作，这样做不仅有助于改善姿势，还能提高体能。注意你的装备。流线型弯曲车把和优质轮胎是很有必要的，但是，确保在必要的时候调整到正确的姿势才能让你感到舒适。在计时训练中，你要全神贯注地骑行，不要再去想着时髦的流线型车把或是被风鼓动而嗡嗡作响的凹陷式蝶形轮。如果你只能升级一处装备，一定要确保车座的舒适性。如果你因为怕屁股疼或者因为坐垫太硬使你要放低身体，而不愿意坐在车座上，那你可有的受了。

对我而言，找到接受计时训练的动力最为重要。要完美地完成一段计时训练，就必须掌握好时间。几分钟的疏忽就可能决定输赢，产生截然相反的结果。冥想、阅读前任的分手信、想想对你无比苛刻的老板，这些都能够帮你找到一些动力。总之，无论采用什么方式，只要能够给你动力就好。

计时训练已然盛行一时，原因也很好理解。这种方式能够以一种严苛的视角观察你的进步过程，它完全是一种自我对抗，而且侧重于骑行技术。有些车手只参加计时赛，他们不喜欢环公路赛和公路赛所要面临的各种风险以及车手间的直接对抗，但却在与计时器的对抗中感受到了比赛带来的成就感。许多俱乐部都会举办计时赛，以这种方式增进对各级车手的了解。在采用这种方式训练时，即便你不参加比赛，只需要一块秒表就可以监控进步过程和体能水平。

无论你是否计划参加有组织的计时赛，计时训练都是完善的训练计划中不可或缺的一部分。有针对性的计时训练能够改善耐力、力量和心理素质。这项训练还会加深你对空气动力学和骑行效率的理解。无论你的目标是什么，把计时训练纳入整个训练计划无疑会让训练提高一个档次。

1989 年，格雷格·莱蒙德在环法自行车赛中以 8 秒的微弱优势超越劳伦·费格农，赢得了比赛。仅差 8 秒！那年的环法自行车赛有 21 个赛段，共计 3285 千米，而结果仅仅相差 8 秒。莱蒙德是在最后一个赛段赢得了比赛，那是一个 25 千米的个人计时赛段。莱蒙德之前已经落后 50 秒，大部分人都认为在这么短的距离内基本无法实现超越。莱蒙德是一个很有创新意识的车手，他在大赛中首次使用了流线型车把，而费格农没有使用这种车把。流线型车把的空气动力效率将莱蒙德推上了他的运动巅峰。他超越对手取得胜利的大部分原因是他有超棒的身体素质，同时流线型车把的空气动力学优势也帮了大忙。如果你喜欢自行车比赛，但是从没看过 1989 年的环法自行车赛，建议你花一个晚上看看视频，那真是一场激动人心的比赛（同时建议你看看 1989 年的世界锦标赛，那是我一直最为钟爱的比赛）。

我讲述莱蒙德和他的流线型车把的故事，并不是说你也必须花钱购置同样的设备，而是表明在自行车上保持有效姿势非常重要。无论你是使用流线型车把、盘轮、最先进的骑行衫，还是只穿着普通的运动短裤和 T 恤，都应关注风速对你造成的影响，要注重骑车姿势的细节。骑行时，要尽量降低风对你的影响。你的姿势要在空气动力学、舒适度和对曲柄施加的动力之间寻找一种平衡。当你骑在车上时，这 3 个因素都需要关注。第 14 章为你提供了寻找最佳姿势的方法，但那只是将你引向了正确的方向而已。随着计时训练的进行，你会发现骑行效率和力量都会得到提升。要注意身体在骑行时如何与风互动。训练时，要不时做些细微调整，来感受哪种姿势比现在更舒服些。

注意骑行踏频和踩踏过程，确保施力的流畅性。骑行时，你会听到轮子转动发出的声音，这种声音最好是平稳的低鸣，而不是每次踩下踏板时发出"哗啦哗啦"的声音。试着保持腿部画圈运动的连续性，尽量让腿部在整个轮转过程中都施力。实验一下，用稍快和稍慢的踏频与平时的踏频相比，看看速度、腿部乳酸、呼吸有哪些变化。

训练亮点

在计时训练中，你的受益程度可能不如职业车手，但实际上，这种训练对所有车手都有好处。它会提高你的乳酸阈水平和腿部力量，提高心理素质并对正确的骑行姿势进行精雕细琢。计时训练也是一种非常有效的训练方式，因为与计时器的对抗你无法做假。RACE 训练理念中有一条就是责任心，计时器让你对自身负责。在训练时，进入相同的车道，开始规律性地骑行，尽量保持好状态。数字是不会骗人的，如果你一直坚持训练，就一定会看到阶段性的改善，这也是训练的全部意义：不断进步、骑得更快并实现目标！进行计时训练是件苦差事，但是，当你的体能不断提高，收获也就显而易见。

训练单腿

用时总计	45 ~ 60 分钟
热身	10 分钟
骑行地形	平坦
训练强度区间	3
训练时间	27 ~ 45 分钟
整理运动	10 分钟

大部分人会偏爱自己的优势腿。该训练旨在单独训练每一条腿。弱势腿将无处遁形！每个间歇只训练一条腿。只用右腿完成一次完整有力的蹬踏圆周，左腿不参与骑行，在右腿奋力运动时，左腿只跟随做不施力的脚踏行程。在某条腿进行间歇练习时，要注意的一点是，它需要在整个蹬踏过程中持续施力。3 分钟后立即切换到另一条腿。一套间歇总共用时 6 分钟。完成一条腿的 3 分钟练习后就开始休息，双腿平等享受 3 分钟放松骑行。如果体力允许的话，可以多次重复完整的周期训练。

完成骑行后要让自己感觉舒服。如果刚才你在卖力地骑行，现在也要尽力让自己舒服一些。完成骑行后要马上洗澡并穿上舒适的衣服，脱下被汗水浸湿的衣裤。你可以让这件事成为你的个人传统——在休息室放上你最喜爱的运动裤、汗衫和鞋子。

熟能生巧

骑行时,不要忘记携带身份信息和紧急联系方式。将联系方式信息放入挂包或制作专门的信息标识,比如身份识别牌或手环。让我们祝福你永远不会遭遇车祸,但是不能不考虑周全。

用时总计	50 ~ 70 分钟
热身	15 分钟
骑行地形	平坦
训练强度区间	3
训练时间	20 ~ 40 分钟
整理运动	15 分钟

姿势、姿势、姿势!这次,整个训练都更加关注姿势而不是体能(但是你还是会从中收获一些体能提升)。这次训练的目标是最佳姿势。你总是渴望骑行时感觉舒服和强大。想象一下计时赛的金牌,它代表着 100% 计时赛强度,以它为依据,这次的训练应该是 70% ~ 80% 的强度。减少的功率允许你能够关注到姿势。听取亚历克斯·豪斯的建议,要做好记录,在多个训练日重复相同的骑行线路,找出有效的方面和无效的方面,每次只对一个方面进行改进,以便能够明确感受这个方面是如何影响你的成绩的。你的日志就是用于对比的无价之宝。

加油站——力量间歇训练

用时总计	60 ~ 90 分钟
热身	15 分钟
骑行地形	平坦
训练强度区间	4
训练时间	20 ~ 40 分钟
整理运动	15 分钟

准备好让你的腿部和后背"燃烧"吧！这是计时骑行中的力量间歇训练。一切就绪并完成热身之后，进行一次 10 分钟计时力量间歇训练。踏频必须控制在比最高速度要慢 10% ~ 15% 的水平（通过"熟能生巧"训练，你能够知道自己的合理踏频）。如果在计时训练中，你的最佳表现是 100 转 / 分，在"加油站"训练中，速度应该在 85 ~ 90 转 / 分。要保持高速骑行，就要用力。在 10 分钟快结束时，你会感觉筋疲力尽。休息 5 分钟，然后重复这个间歇。至少要做两次间歇（如果感觉体力尚可，可以适当加量）。训练中调至更大挡位有助于挖掘自身的潜在力量，这和棒球手在上垒之前会挥动两只球棒是一个道理。当你以平常的踏频骑行时，就会感觉自己更有力量、骑得更快。

要有坚定的信心！在开始任何骑行或训练之前，要再次审视自己的目标，做好心理准备，下决心付出 100% 的努力。大卫·米勒赢得了 2012 年环法自行车赛第 12 赛段的胜利后，我和他有过交流。他对我说："我下定决心一定要赢。"他从不怀疑自己或想到自己无法取胜。他说："我知道，我能赢！"

完美画圈

车手在训练中总是需要面对伤病的困扰。让身体感到不适的还有不符合预期的适应性。有时，身体会有点叛逆，它以肌肉疼痛、感冒和疲劳的形式表现出来。不要因此而气馁，要好好照顾自己并解决问题，直到恢复健康。

用时总计	60 ~ 90 分钟
热身	15 分钟
骑行地形	平坦路面或轻微下坡路面
训练强度区间	3
训练时间	20 ~ 40 分钟
整理运动	15 分钟

这个训练与"加油站"训练有些相似，但是指另一个极端。训练时，完成热身后，要以比平时稍快的踏频完成一个 10 分钟的计时训练，转速要高于平时的 10% ~ 15%。在坡度较缓的下坡路段进行训练效果更好。这种训练主要关注如何流畅地完成蹬踏行程和保持姿势，它可不只是单纯的有氧运动。在骑行时，你看起来应该是"有型有款"的，因此要关注各种触点。注意后背是否保持平直且没有摆动，同时还要确保腿部运动的速度。

全速前进

用时总计	50 ~ 70 分钟
热身	15 分钟
骑行地形	平坦
训练强度区间	4 或 5
训练时间	20 ~ 40 分钟
整理运动	15 分钟

　　让我们来看看整体效果。这个训练是你的计时测试，将查看在一个独立的 20 ~ 40 分钟的计时测试中，你的速度能有多快。这种训练将成为标杆，你会再次回到相同的线路来骑行，以观察自己的进步。这时，你会清楚地看到你在进行"熟能生巧"训练时，那些表现完美的方面是否在你开足马力时依然令人满意。对待这种训练就像参加世界锦标赛一样，要在这个训练日来临之前做好充分的生理和心理准备，不要找任何借口，一旦骑上自行车出发，就要全力以赴，要像风一样迅疾，或假装自己置身于车手的世界，与他们一起冲进风里！

　　骑行中你也可以利用骑行伙伴让自己更加稳定。如果你需要将自己的注意力短暂地从公路上移开，你可以扶着小伙伴的肩膀，这样做可以保持直线运动，增强稳定性。在选手们挤作一团时，这是个很有用的技巧（这时你需要注意自己的位置）。和以往一样，练习这个技巧时要分外小心。

适可而止

咖啡因是一种兴奋剂，也是一种利尿剂。尽管你只想利用它的第一种功能，但也无法回避它的第二种功能。要知道，你摄入的咖啡因越多，就越会不停地排尿。摄入咖啡因的方式有很多种：喝咖啡、喝功能饮料或咀嚼食用凝胶。这些都可能增加脱水的潜在风险，更不要提你必须不厌其烦地下车排尿。

用时总计	50 ~ 70 分钟
热身	15 分钟
骑行地形	平坦
训练强度区间	5
训练时间	20 ~ 40 分钟
整理运动	15 分钟

你会爱上这种训练吗？回答是大写的"不"！这种骑行将把你推入"万丈深渊"，让你绝望。从 5 分钟快速骑行计时开始，这时的踏频要远高于平时。5 分钟结束后立即降速，但只是小幅降速，尽量进入平时计时训练时的踏频，并且尽量保持在这个踏频骑行，时间越长越好。能坚持多久就要看你的体能水平了，可能会持续 10 ~ 30 分钟。这种训练的目的是将你逼入透支状态，强迫你继续骑行，身体会竭尽所能地跟上能量补给和体内垃圾产生的速度。

加速前进

用时总计	45 ~ 50 分钟
热身	15 分钟
骑行地形	平坦
训练强度区间	5
训练时间	20 ~ 40 分钟
整理运动	15 分钟

这种训练与你的乳酸阈测试十分相似，但现在你只需将它看作一种单纯的训练。这种计时间歇训练以轻松的踏频开始，要尽量保持踏频稳定均匀。每两分钟进行一次加速。即便感觉空气中的含氧量似乎突然骤减，也要保持姿势正确。可能需要训练一两次才能找到合适的出发速度。如果你说你很享受这项训练，我想可能是你已经疯了，或者是你想尝试更多的变化。你可以每隔 30 秒提速一次或每隔 3 分钟提速一次。前者是一种高速度高能量的训练，而后者则是以慢慢消耗的方式将痛苦拉长。

如果在骑行过程中变速器坏了，你可以利用链条工具将自行车变成单速的。断开链条，直接将链条绕前后牙盘重新进行布线，完全躲开变速器。重新连接链条。不要带着故障骑行。切记，不可互换前后牙盘。

降速前进

你可以用永久记号笔在鞋底画上卡鞋的记号，便于松动时找到准确的位置；也可以在座管进入下管处画个小的记号，这样做也是为了在松动时能够准确找到车座的准确高度，这对你的膝盖有好处。

用时总计	45 ~ 50 分钟
热身	15 分钟放松骑行，包括一次 1 分钟高强度间歇
骑行地形	平坦
训练强度区间	4
训练时间	20 ~ 40 分钟
整理运动	15 分钟

这次的训练方向与"加速前进"训练完全相反。在进行"降速前进"训练之前，应该至少进行一次"加速前进"训练，以便对自己计时训练中的最高速度有个印象。在这种"降速前进"训练中，热身非常重要。在 10 分钟的热身运动中，应该有一次 1 分钟高强度间歇让肌肉完全放松。在正式开始"降速前进"训练前，以正常速度骑 4 ~ 5 分钟，再逐渐提速，直至达到计时最高速度来启动训练。保持计时最高速度 2 分钟，然后以 1.6 千米 / 时开始降速。新的速度再保持 2 分钟，然后以 1.6 千米 / 时再次降速。不断重复这种训练，直到感觉自己恢复并能够轻松骑行为止。

计时训练计划示例

周	周一	周二	周三	周四	周五	周六	周日
1	全速前进 第 109 页	咖啡慢时光 第 60 页	节奏 第 65 页	休息或健身房	训练单腿 第 105 页	长途骑行 第 63 页	非结构化的法特莱克（Fartlek）训练 第 84 页
2	熟能生巧 第 106 页	休息	加油站 第 107 页	休息	节奏 第 65 页	咖啡慢时光 第 60 页	节奏 第 65 页
3	休息或健身房	适可而止 第 110 页	节奏 第 65 页	休息	狂飙时刻 第 68 页	长途骑行 第 63 页	训练单腿 第 105 页
4	休息	熟能生巧 第 106 页	城市巡航 第 61 页	休息或健身房	完美画圈 第 108 页	比赛式骑行 第 85 页	"老奶奶"骑车 第 64 页
5	休息	加速前进 第 111 页	休息或健身房	节奏 第 65 页	降速前进 第 112 页	城市巡航 第 61 页	长途骑行 第 63 页
6	休息	加油站 第 107 页	休息或健身房	熟能生巧 第 106 页	城市巡航 第 61 页	全速前进 第 109 页	休息

第 10 章

冲刺训练

泰勒·法勒的观点

泰勒·法勒是 Garmin-Sharp-Barracuda 自行车队成员。他曾在环法自行车赛、意大利米兰自行车赛和西班牙自行车赛中夺冠，也是奥运会参赛选手。

在我看来，最重要的准备就是复制比赛。我进行训练时，会试着模拟比赛情境。我要求自己以比赛中的那种骑行速度和疲劳感进行训练。对于训练，你要一直尝试采用实现目标所用的那种方式。

本书中的所有训练都有助于你提高速度和力量，另外还有几种方法是我个人在训练中所采用的训练手段。如果我有机会由摩托车牵引骑行，我会做 4 千米带冲，大约骑行300 米。我喜欢在冲刺前就进入"狂飙"状态。必须让腿部的乳酸堆积来刺激比赛的真实感。

如果没有摩托车牵引骑行，我会做 3 组冲刺，每次在轻松挡位进行 10 秒加速，然后休息 10 分钟，再进行 3 次正常冲刺，就是平常比赛中的那种。在以 53×11 挡位进行 3 次冲刺之前，我会再休息 10 分钟。

我习惯让训练难度更高一点。例如，如果在比赛中我感觉 250 米冲刺距离比较舒服，我就会在训练中练习 300 米冲刺。这样训练会让我在冲击终点时更加自信。

如果训练得当，我会在比赛的冲刺阶段表现出更好的水平，感觉时间仿佛慢了下来。最后的 5 千米往往看似永无止境，我会非常兴奋和紧张，这会使最后 2 千米仿佛变得更长。当我达到最高骑速时，甚至感觉不到腿的存在；而如果我处于落后、感觉自己毫无胜算时，就会感觉"腿不听使唤"。

没有什么比赢得比赛更令人兴奋了！设定目标，然后为之奋斗，当一切尽在掌握时，你会非常自信。我最难忘的时刻就是过了终点线的那一刻，媒体、官员、队友和后勤人员还没有逮到我，会有那么一个短暂的时刻只属于自己。那时我会回想所完成的训练和付出的辛苦，感到胜利让一切变得值得，换来喜悦和自豪。

冲刺车手必须有点疯狂。每当我专注于比赛，最终迎来冲刺时刻的时候，我的心率就会变快。我们的一个团队成员曾经问我，车赛即将结束时，手心冒汗是不是正常现象。每当领骑车手在冲到终点线之前拼命想征服最后的几千米，而我们又紧随其后的时候，他就会不自觉地在裤子上搓手。

如果你曾亲临其境，就会被车手冲过终点时的速度所震撼。冲刺车手在距离终点还有最后 5 ~ 10 千米时开始争夺有利位置，通常是在最后的千米数标识闪过头顶时，他们的队友会牺牲自己剩余的体力，帮助他们运动到他们想要的位置。然后，他们会依赖一名值得信赖的带冲手，由他将冲刺车手带到几乎最快的速度。当只剩下几百米时，冲刺车手会一马当先冲过终点。在这个过程中，所有冲刺车手的能量和能力都被调动起来以达到最高骑速，他们将完全体会到只有顶尖车手才有过的另一种境界。

他们真是令人叹服的人类，拥有超常的天生神力、不可思议的速度，以及一种信念，那就是今天他绝不可以倒下！极少有人愿意与这种速度和野心进行对抗，但这并不意味着他们不需要学习冲刺技术。成为一个全能型车手就要知道如何冲刺并拥有与踏板进行搏击的信心。无论你有怎样的目标，或采用什么样的激励机制，都应该在持续加速的过程中感到很舒适：双手放在下把位，目视前方，盯住胜利"纪念碑"（即使你的"纪念碑"可能只是到达某个城市限速牌而已）。

冲刺训练非常重要，这一章将帮助你成为一名更加优秀的车手，即使你从来没打算在比赛终点进行冲刺。这一章中的训练目标就是提高力量、速度。这一切都渗透到骑行的各个方面。通过对力量输出和速度的极端训练提高能量输出系统的效率，改善向肌肉供血的能力，提高肌肉纤维的收缩张力。当你进行节奏骑行、计时训练、爬坡，或者只为试试你能将骑行推进到离极限有多近时，就会看到这种训练带来的好处。

这些训练会给你带来自信。当你手握下把位开始发力时，你一定是从容不迫的。花时间训练最高速度时，你会掌握驾车技巧，了解要成为"骑行机器"你还有哪些不足。要想成为一名优秀的自行车车手，你需要在各种骑行时都感到舒服，包括爬坡、下坡、转弯、冲刺和长时间训练。通过关注诸多方面，你有可能成为最优秀的车手。

将速度提到最高不仅需要拼命蹬踏踏板，还要让整个身体都保持协调，这样才能顺畅地向传动系统源源不断地输送能量。进行这本书中的所有练习时，必须非常关注自己的身体姿势。你要关注如何把来自上身、臀部和腿部的力量分配到曲柄。这项工作要从建立与自行车的亲密接触开始。冲刺时，将手放于下把位，站离车座，胳膊保持轻松弯曲，胸部前倾，与自行车的大梁平行，确保脚在硬质的骑行鞋中非常稳妥，而且鞋子与踏板结合牢固。

我们会在第 14 章中讨论合理的蹬踏动作。要想在冲刺时达到最大功率，需要在整个蹬踏行程中都施加扭矩，不要浪费曲柄的任何一点旋转，不要只在下踩踏板时才使出最大力气。

　　要保持自行车始终处于受控状态。不要让它出现无故摆动或移动。因为每个动作都需要能量，摆动或移动会降低效率。身体要和自行车中线保持一致，不要让头部和颈部晃动。这些速度训练将测试你和你的自行车的极限。

　　最后，准备享受你的骑行吧！速度训练虽然很难，但是很有意思。这种训练与其他的间歇式训练不同，骑在车上飞奔是多么快乐的感受啊。如果你不是那种天赋型冲刺车手，这些训练也会让你受益良多。在所有这些融入整个训练计划的间歇式训练中，速度训练让你受益最多。

训练亮点

　　在自行车运动领域，爬坡型选手和冲刺型选手之间有着明确的界线。冲刺型选手通常更加高大威猛，他们更看重爆发力，而爬坡型选手则体形纤细，更加苗条。他们的外形都很符合各自承担的角色。冲刺型选手要对抗的是风阻和通常相对而言较少的重力（因为大多数冲刺都是水平方向的）。对冲刺型车手而言，多出来的块头有助于产生更大的力量，虽然正面风阻可能稍有增加。可是，如果你开始增加坡度，当体形过大时，多余的质量就会对发力造成很大影响。因此爬坡型车手通常体型更纤细，但他们仍然很有爆发力，而且不必在爬坡时负担过多的体重。

速度三明治——加速练习

用时总计	可变
热身	15 分钟
骑行地形	平坦
训练强度区间	3
训练时间	6 分钟（在骑行过程中分散分配）
整理运动	15 分钟

与实际骑行训练相比，"速度三明治"训练更强调技术性。在这里，它是一种独立练习单元，但你可以将它与任何其他的骑行训练相结合。

"速度三明治"训练由 6 组反复提速练习组成，每组所含的提速次数是不固定的，训练强度大部分为区间 3。骑行时，双手放在下把位，用前小牙盘在平坦的路面骑行，保持坐姿，缓慢提高骑行踏频，需要 10 ~ 15 秒达到最高速踏频，保持几秒最高转数，然后开始慢慢降低速度，直至回到初始踏频。这一连串动作应该完成得自然流畅，不要让臀部在车座上上下颠簸，这是为了保持训练动作的顺畅性和腿部运动速度，可以尝试逼近极限并拓展你骑行的转速能力。

想在冲刺时获得最大的力量，应该双手处于下把位，上身离开车座，握紧车把会有助于驱动踏板。进入真正的冲刺时，要避免手部移位或需要改变，那样会浪费大量时间。

标识牌——冲刺训练

如果完成骑行后感觉非常疲劳，可以试试穿着压缩袜或紧身衣。如果你需要工作，或者很多时候需要坐着，穿着压缩袜或紧身衣非常有助于缓解疲劳。你可以去跑步用品专卖店或自行车用品专卖店购买这些物品，也可以上网购买。

用时总计	60 分钟
热身	15 分钟
骑行地形	平坦
训练强度区间	6
训练时间	6 分钟（在骑行过程中分散分配）
整理运动	15 分钟

不进行实际冲刺就不可能成为冲刺"杀手"，这听起来可能非常简单明显。"标识牌"冲刺训练的目的就是让你真正置身于冲刺情境中。

完成热身后，你要做好冲刺的准备！进行冲刺训练时，站起身，双手处于下把位，链条处于大牙盘，在 200 米距离中，每 3 分钟冲刺一次（可以以某个标识牌为终点）。以正常的巡航速度为起始加速冲刺，直至使出全力加速前进并冲过终点，然后恢复性放松骑行，直到感觉可以再次进行全力冲刺时重复这个过程。总共进行 6 次冲刺，每次都假设你正处于环法自行车赛最后的冲刺阶段。

下坡冲刺

用时总计	60 分钟
热身	15 分钟
骑行地形	平缓下坡梯度
训练强度区间	5
训练时间	10 分钟（在骑行过程中分散分配）
整理运动	15 分钟

　　"下坡冲刺"训练的是腿部速度。因为下坡时阻力不会很大，你会在逼近终点时达到更高车速。但是，就算面对的是个缓坡，你仍然需要全力以赴。

　　在进行这类冲刺练习时，臀部要离座，双手处于下把位。下坡道要平缓，没有陡坡。注意保持身体姿态，确保自行车处于完全受控状态，缓慢提速，注意动作流畅性，确保全力发力时毫不犹豫。你应该能够"流畅地"切换挡位，也就是说，从腿部向曲柄分配力量时，踏板没有任何卡顿。你会需要换挡。

　　永不言败！听起来似乎是老生常谈，但却是真理。就在昨天，我一直盯着参加环法自行车赛的泰勒·法勒。他在第一个坡道时落后了，落后如此之多，以至于可能因落后于关门点而惨遭淘汰。虽然他在上坡时奋起直追，但在我看来希望仍然很渺茫，我认为他已经没戏了。但他就是永不言败的那种人，他承受着一切，执着前行。当小分队骑过斜坡时整个速度都慢了下来，法勒再一次获得一线生机，他完成了阶段赛，并进入了接下来的冲刺赛段。

上坡冲刺

快速修理！如果发生外胎胎壁部分受损，你可以用一美元快速修补。取下轮胎。将一美元纸币折叠，使它的形状可以盖住裂口，将它放入轮胎内，再将内胎和轮胎复位，对内胎充气，用纸币替作临时胎壁。

用时总计	60 分钟
热身	15 分钟
骑行地形	平缓上坡
训练强度区间	6
训练时间	4 ~ 6 分钟（在骑行过程中分散分配）
整理运动	15 分钟

这些训练要求使用最大功率。下坡冲刺时，你锻炼的是腿部速度，它是冲刺的一个必备要素。现在，你要针对另一个关键要素进行训练，那就是爆发力！

对于上坡冲刺，需要爆发力是不言而喻的。沿缓坡向上骑行，做 4 ~ 6 次 150 米最高速冲刺。双手始终处于下把位。要保证坡度逐渐增长，同时你的冲刺也要全力以赴。如果你想每次完成冲刺后沿坡道骑下来（恢复阶段），再重复进行相同路段的冲刺，也没有问题。多次重复相同的冲刺有时很有用，这样的话，你对不同距离的冲刺感会有更真切的体会。从 100 米开始冲刺和从 20 米开始冲刺会有很大不同，要细细体会身体如何应对这种极限发力。

过山车

用时总计	60 分钟
热身	15 分钟
骑行地形	平坦
训练强度区间	3
训练时间	10 分钟（在骑行过程中分散分配）
整理运动	15 分钟

与"速度三明治"训练有些相似，进行其他类型的骑行训练时也可以借鉴"过山车"训练中所用的技巧。在进行长期基础性骑行训练时，各种技巧结合使用是个不错的想法。

进行"过山车"训练时，前小牙盘实际上处于冲刺状态。要将身体调整为正常冲刺姿势，双手处于下把位，站立于踏板上，快速启动冲刺，但换挡动作要轻巧，尽量拉长腿部画圈，直到感觉腿部力量全部耗尽，至少要进行 10 次"过山车"训练，剩余骑行全部在强度区间 2 或 3 进行。

骑行时不要忘记携带手机。将手机放于塑料袋中，防止被汗水打湿。我曾经多次忘带手机（我真有点不长记性），如果有手机，生命中的某些时刻就不会那么令人沮丧了。

速战速决

在车把末端塞入 20 美元。把端盖拧下来，将钱塞入其中，以备不时之需，这是一个绝佳的藏钱的地方。如果车子出了故障或自己偶尔陷入困境，你就会想起车把里的钱，这会让你很开心。

总共用时	60 分钟
热身	15 分钟
骑行地形	平坦
训练强度区间	5
训练时间	25 分钟
整理运动	15 分钟

田径运动员经常进行"速战速决"训练，这种训练可以在自行车上进行改进。这些间歇式训练就是一连串快速发动和结束的冲刺训练。挡位需要调至大牙盘，全力冲刺 3 ~ 5 秒，然后收起力道，保持腿部拉长画圈 3 ~ 5 秒。在"停止发力"阶段可以换成坐姿，然后再次起身，以最大力量骑行 3 ~ 5 秒，需要进行 5 次发动停止循环，休息 5 分钟，然后再做一组 5 ~ 6 次同样的循环。

5 秒发动，5 秒关闭（腿部拉长画圈）

5 秒发动，5 秒关闭（腿部拉长画圈）

5 秒发动，5 秒关闭（腿部拉长画圈）

5 秒发动，5 秒关闭（腿部拉长画圈）

5 秒发动，5 分钟休息

重复进行 5 组练习

这个训练蕴含的理念是增强"爆发力"。这个训练让你在骑行时能够提供迅速有力的爆发力。你永远不会知道何时需要突然加速。这个技术也许会帮你赢得比赛，或在不可预料的危急关头救你一命。

耗尽——连续冲刺

用时总计	50 ~ 60 分钟
热身	20 分钟
骑行地形	平坦
训练强度区间	6
训练时间	15 ~ 20 分钟
整理运动	15 分钟

在这个训练中，要以稍微轻松的挡位进行一系列连续冲刺练习。以前大牙盘和最小后齿轮（最难挡位）开始。从极慢速踏频开始启动冲刺，逐渐提速，直至达到最高冲刺速度。保持最高转速至少 3 ~ 5 秒，然后休息，直到体力完全恢复。之后再重复一次，但这次要两次切换后变速器，也就是说，从最小后齿轮开始，切换了两个齿轮，再来一次加速，以最高速度冲刺。挡位是否精确不是关注的焦点，但要确保每次连续冲刺都要选择更轻松一些的挡位。

示例：

52×12 挡位冲刺，休息

52×14 挡位冲刺，休息

52×16 挡位冲刺，休息

52×18 挡位冲刺，休息

52×21 挡位冲刺，休息

在开始训练之前，一定要准备好训练结束时的零食。如果结束骑行时已经饥肠辘辘，冲进厨房饥不择食，胡乱吃一些东西就太糟糕了。如果你在出发之前就已经准备好了食物，因为运动而处于缺糖状态的身体会"感激不尽"。

队列骑行速度

一定要时刻注意处于身后的车手。当你身处队列前列时，要对身后的车手负责，他们看不到你能看到的路面情况，因此不要把他们带入歧途。如果你看到了路面上有障碍物，要用手势提醒他们，这些人会知道要和你保持一致的骑行路线，避免撞上那些障碍物。

用时总计	45 ~ 60 分钟
热身	10 分钟
骑行地形	平坦
训练强度区间	4
训练时间	15 分钟
整理运动	10 分钟

身处队列骑行或位于另一名车手身后时，要做出适当的调整。通常，当位于队列骑行中时，前后都会有一名车手，这时，你要注意自己的骑行尽量保持流畅，不要左冲右突或者突然变速。在队列骑行中，车手通常使用比平时独自骑行时稍大的挡位，这样做有助于摆脱一定的速度变化，但在训练中，你要抛开这种想法。

你可以和另一位车手一起进行这种训练，或跟在助力车或滑板车后面自己练习，要把这个计划告诉你的训练小伙伴。使用比平时更小的挡位在前车的气流中骑行，踏频保持高于 110 转 / 分，不要翘起臀部，也不要摆动臀部，在整个画圈过程中要保持发力均匀连贯，在间歇即将结束时进行冲刺，超过前面的车手。

以最高踏频进行至少 3 次间歇（每次 5 分钟）练习，每组之间至少休息 5 分钟。这种练习要求你更加聚精会神，因为你需要认真端正你的姿势。高踏频训练不仅有助于强化腿部速度，还可以提高效率和塑造形体。

挑战

用时总计	可变
热身	15 分钟
骑行地形	可变
训练强度区间	6
训练时间	可变（在整个骑行过程中分散分配）
整理运动	15 分钟

与真正的单独训练相比，这种训练则比较有意思。小伙伴们在骑行中设定 5 个不同的地点作为冲刺终点。在一起挑战冲刺时，你们可以打赌，比如比萨、咖啡或啤酒等，这样就不会感觉是白费力气。

也可以采用计时挑战法，大家选择几个骑行的时间点，比如 20 分钟、30 分钟和 40 分钟，开始骑行时将计算机或手表调到同步计时。在每一处设定的时间点或距离点，谁领先谁就赢得一分，到达终点时，谁的分低谁就请客。这个游戏很有趣，因为大家可以运用各种策略来获得领先，可能在最后时刻进行冲刺，或者是快骑 5 分钟保持领先，以便在到达终点前甩掉队友。总之，这个训练绝对有趣！

如果是在寒冷天气下进行路面训练，且必须面对下坡骑行时，可以使用报纸在冷风和身体之间形成保护屏障，使自己免受冷风侵袭。将报纸放入骑行衫中，在胸部和腹部展开。这是一个古老（而流行）的小窍门。在观看一些比赛时你会发现，在车手们即将到达山顶的隘口时，他们会迅速抓起一张纸塞进骑行衫，这种方式听上去也没什么新鲜的，但确实管用！

冲刺训练计划示例

周	周一	周二	周三	周四	周五	周六	周日
1	休息	上坡冲刺 第 122 页	速度三明治 第 119 页	休息或健身房	标识牌 第 120 页	比赛式骑行 第 85 页	咖啡慢时光 第 60 页
2	休息	上坡冲刺 第 122 页	发动与熄火 第 78 页	节奏 第 65 页	挑战 第 127 页	长途骑行 第 63 页 过山车 第 123 页	狂飙时刻 第 68 页
3	休息或健身房	下坡冲刺 第 121 页	速度三明治 第 119 页	休息	狂飙时刻 第 68 页	节奏 第 65 页	"老奶奶" 骑车 第 64 页
4	休息	耗尽 第 125 页	发动与熄火 第 78 页	休息或健身房	挑战 第 127 页	长途骑行 第 63 页 过山车 第 123 页	狂飙时刻 第 68 页
5	休息	上坡冲刺 第 122 页	速度三明治 第 119 页	休息或健身房	节奏 第 65 页	比赛式骑行 第 85 页	"老奶奶" 骑车 第 64 页
6	休息	耗尽 第 125 页	发动与熄火 第 78 页	休息或健身房	节奏 第 65 页	长途骑行 第 63 页	完美画圈 第 108 页

第11章

室内训练台训练

迈克尔·弗里德曼的观点

迈克尔·弗里德曼是由 Kelly Benefits 赞助的 Optum 职业车队成员，曾获得美国场地赛冠军，也参加过奥运会。

许多自行车车手并不喜欢室内训练台，更不愿意花时间使用训练台。我也曾如此，除了它特别占地方之外，主要因为它噪音太大（现在有些器械依然如此）、不好移动，而且在训练台上训练实在太枯燥了。在过去 15 年的职业自行车运动发展历程中，室内训练台也随之演变，有了很大变化，我已经将其视为针对性训练的有效工具。现在，我在使用室内训练台时会设定一个目标，这样就不会感到枯燥。

我到过 32 个国家进行比赛或训练，不是每次都有理想的训练场地来实现有效的训练。我发现室内训练台是个非常有用的工具，特别是进行针对性训练时，比如在爬坡训练时，训练台非常有效。作为职业自行车选手，我得说我天生有一种非常糟糕的特质，那就是我在某些成绩提升本来就非常慢的方面，其成绩下滑却往往很快。为了在整个比赛过程中不至于让爬坡拉后腿，我要专门对爬坡进行训练。

现在我住在科罗拉多州，所以有机会在最好的峡谷自行车道上进行骑行训练，但是你可能没有这样的条件，或许，你发现自己的境遇是这样的：天气很差，教练要求你做 4×15 分钟爬坡间歇式训练，这种鬼天气会将爬坡的后半程搞得支离破碎，这时室内训练台就派上了用场。

在室内训练台上比在实际的坡道上更容易控制整个训练。这里没有风、没有交通灯、没有任何障碍，也不存在因路面梯度产生的功率波动。你可以在训练中进行变频、加速、匀速、有氧、无氧、爬坡（坐在车座上或者离开车座）、踏板等各方面的训练。

整个过程中没有人盯着你。你可以自己决定是不是偷个懒，停下间歇训练，或者暗暗给自己加油并出色地完成训练。我得说，偷懒是会成瘾的，有了第一次，就容易有第二次和第三次。在训练台上训练时，我一直奉行"永不放弃"原则，有许多原因让我做出这种决定，最要命的是，我感觉在室内训练台上进行训练比在实际路面上的训练艰难得多，这样的训练就是一次又一次的心理折磨。

每个人都有自己的办法帮助他们更加持久地坚持训练，这些办法可能涉及音乐、粉丝、看电视或者就是训练本身，我也不例外，但我会尽力设定时限，我用训练台进行训练的时间不会超过一个半小时。如果我走下训练台时感到头重脚轻，我就可以断定自己完成了一件想要完成的艰巨的任务。也只有完成并超额完成艰苦的室内外训练，才能让我在踏上起跑线时信心十足，感觉一切都已准备就绪。

室内训练有许多好处。天气恶劣、时间有限，以及想要完成某种特定训练的想法，使得室内训练成为整个训练计划中不可缺少的一部分。无论你有多么喜欢室外骑行，也不得不承认有些时候室内训练是更好的选择，甚至必须这样做。

滚筒式室内训练台有助于训练姿势和技术，而固定式室内训练台（比如带风、阻力或磁阻的训练台）则更加稳固，除了保持自行车始终直立外，还能让你更加专注于骑行的某个方面。许多车手会对某一款训练台情有独钟，所以，在选购机器时要多试几种。大部分室内训练台可实时改变阻力，你可以利用这项功能和标准的自行车挡位完成本章的间歇式训练。

使用室内训练台进行训练时最难克服的就是枯燥感，至少我是这样认为的。当然，你可以在训练时播放 DVD，或是观看你偶像的环法赛段的比赛，但是，当这些也失去吸引力时，书中提供的训练会让你感到时间过得快一些了。当经过训练打下坚实的基础之后，应该努力尝试巧妙的新玩法让训练更有意思。不要拘泥于训练，要在训练中寻求变化来满足自己的需要。我曾经按着音乐节拍做间歇练习，这种做法的确能让我忘记时间，只沉醉于"合声"与"独唱"。"合声"时就"运动"，"独唱"时就休息，甚至不必关心在两者的过渡期间自己在做什么。

在训练台上骑行是对心理素质的挑战。在室外时，你要应付不同的地形、风速和障碍，只要骑上自行车，这些事情就扑面而来。而在室内，车轮麻木地转动，没有凉风吹拂（除非你用风扇），只有训练台毫无人性的车轮大战。可能是因为室内骑行似乎极不自然，很多人不愿意使用它们，但是，这是训练不可分割的一部分，同时，考验心理素质也是自行车运动的一部分，因此室内训练会让你成为意志更加坚定的车手。你可能曾经遭遇了暴雨或者车祸，也可能在爬坡时逼迫自己突破极限，在训练台上的训练和这些情形有着异曲同工之处，那就是让你拥有更好的心理素质。

如果你住的地方雨雪天气较多，室内训练台就更加不可或缺，它可以防止训练因天气而被搁浅。在前面我们说过的 RACE 理念中，有一条很重要的理念，就是训练的连续性，因为天气而无法训练是很可惜的。如果你有了室内训练台，就必须坚持训练，而不能只为了一杯热巧克力就跑出去，这一点真的有点儿令人不爽。

RACE 理念的另一个要素是有效性，就是要充分利用骑行时间。室内训练台是真实有效的训练工具，这一点无须赘言，它能够帮你完成训练。如果你有工作需要处理，或者正承受着某些家庭压力，或者你是夜班工作者，室内训练台都是你最好的选择。

当然也有许多人非常喜欢室内训练台，他们认为室内训练台可以将许多事情结合在一起进行，让他们有机会关注室外骑行时所疏忽的事项。他们可以利用训练台帮助他们有侧重点地完成姿势或力量训练。有些人会在镜子前骑行，这样能够看到自己在骑行中把手放在不同位置时的样子。

　　室内训练台还有一大优势，就是你可以随意改变训练内容，不必担心交通，或者地形变化安排不合心意，或者自行车的动力发生变化，而且单腿骑行也完全可行。另外，你还可以随时改变间歇式训练的模式，做完整理运动后立即洗澡。

　　动感单车课程是每个健身房的必备项目，教练会变着花样将各项训练内容组合在一起。不久前，我和妻子曾一起去参加过动感单车训练，回家时都已经筋疲力尽。那个训练台真把我折磨得够惨！如果你是某个健身房或健身俱乐部的会员，应该问一问那里是否开设了动感单车课程，你可以将那里的一些训练内容与自己的训练计划相结合。

训练亮点

　　滚筒式训练台非常光滑，它就是要保证你的踩踏画圈动作完美无缺。任何在车座上的多余动作或在踏板上施力不均的现象都会立即在滚筒训练台上反映出来。在滚筒上骑行时，必须更加专注。如果发生错位或注意力被电视吸引了，你就可能直接掉下滚筒，那样不仅会伤到自己，自行车还有可能将墙面撞出一个脏兮兮的大口子！我就有过这样的经历。

　　与滚筒式训练台相比，固定式训练台更容易维护，也更稳固。留在室内进行训练绝不是忽略形体姿态的理由，所有的训练台训练都是密切关注形体姿态的好时机。在前面我曾提到过，有些车手会利用镜子观察自己的姿势，这可不是因为虚荣心，而是一种非常聪明、有效的方法。如果你将训练台放在浴室内，你的室友或你的配偶看到了可能会问你为什么这样做，你只需回答："瑟芬达尔博士让我这样做的。"

高速切换器

用时总计	30 ～ 40 分钟
热身	10 分钟
骑行地形	训练台
训练强度区间	5
训练时间	10 ～ 20 分钟
整理运动	10 分钟

这是一种快速变化的间歇式训练。每个间歇训练都在强度区间 5 进行，从前小牙盘开始启动，踏频大于 115 转 / 分，15 秒后，切换到前大牙盘，踏频下降到低于 90 转 / 分，15 秒后切换回小牙盘，然后再过 15 秒，再切换回大牙盘。这就是训练台才有的巨大优势，只有它才能实现在高踏频与低踏频之间的快速切换，而不必改变后变速器挡位，只需要切换前牙盘即可。

巧克力奶非常有助于恢复体力，它不仅味道甜美，还具有恢复体能的神奇功效。巧克力奶含有蛋白质、糖和一些脂肪，这些都是身体所需的营养成分。

真正的独行侠——单腿骑行

争取找到能够鼓励你的伙伴。无论你是自己骑行，还是与他人一起骑行，你们可以分享训练心得，互相鼓励，取得更好的成绩。有些网站可以帮助你跟踪自己和小伙伴的骑行记录。通过这种方式，网站小组中的每个人都会看到其他人取得了哪些进步。

用时总计	32 ~ 36 分钟
热身	10 分钟
骑行地形	训练台
训练强度区间	3
训练时间	12 ~ 16 分钟
整理运动	10 分钟

不要让哪位重要的小伙伴在听到你说"真正的独行侠"时感到心慌，你需要解释清楚，它不过是另一种比较疯狂的训练而已，它能让骑行速度更快。在前面的训练中，你曾在公路上进行单腿受压训练，现在你要在训练台上进行这项训练。闲置一条腿，把它放在训练台旁边的椅子上，要确保曲柄转动时不会碰到这条腿。这是一项慢动作肌肉本体感觉训练。在曲柄转动 360 度的整个过程中，你要注意感受腿部各组肌肉的燃烧。感受股四头肌、股后肌群、小腿后群肌和小腿前群肌如何各自运作。足部画圈时要注意脚的姿势，足跟是上提还是保持向下？以最快的速度画圈时仍然要注意这些动作，同时保持正确的姿势。完成 2 分钟间歇后换另一侧，每侧至少完成 3 次或 4 次间歇训练。如果喜欢的话，还可以将它纳入另一种训练台训练中。

眩晕

用时总计	28 分钟
热身	10 分钟
骑行地形	训练台
训练强度区间	2
训练时间	8 分钟
整理运动	10 分钟

这项训练的目的和"真正的独行侠"训练相似。曲柄转动时，要努力找到那种所有肌肉组织都在进行圆周运动的感觉，它更像是一种形体练习，而不像是一种训练，但是你应该经常重温这种感觉。用令人轻松的挡位开始画圈 30 ~ 60 秒，然后立即反向画圈 30 ~ 60 秒，自由飞轮向后，至少重复 4 次。这样做的目的是为了更关注于腿部动作和腿部肌肉的激活。骑行动作要尽量流畅自然，速度控制在保持正确姿势所能实现的速度。

"眩晕"训练是一项令人生畏的训练，你可以将它补充到其他的训练中，可以在即将完成一次轻松的训练时进行"眩晕"训练，再在完成一次艰苦的训练后做一次该训练，要认真体会它们的不同。在完成艰苦的训练后，仍要力争保持动作流畅，这样难度更高，因为帮助你保持完美姿势的辅助肌都已经很疲劳了。

要想让训练台上的训练没那么可怕，就在训练台前放一台电视，播放环法自行车赛阶段赛的视频。启动你的间歇式训练，同时观看比赛视频，你会觉得自己像是在屋子里与那些职业车手同场竞技。

勇往直前——递增式加速

要学会在运动中恢复，不要认为完成一次发力必须停下来才能开始恢复。当发力水平降至乳酸阈以下时，身体就开始进入恢复程序。观看比赛时，看到车手们进攻、坐回车座、再次发起进攻，车手们在这个过程中已经开始恢复。要将这种主动性恢复纳入训练中，之后你会惊奇地发现，虽然训练强度很高，但你仍然得到了恢复。

用时总计	30 ~ 45 分钟
热身	10 分钟
骑行地形	训练台
训练强度区间	6
训练时间	15 ~ 30 分钟
整理运动	5 分钟

还记得乳酸阈测试吗？这次，我们的训练和乳酸阈测试很相似，只是需要每 30 秒进行一次提速。以 21 ~ 24 千米 / 时的速度轻松开始，寻找 90 ~ 100 转 / 分的舒适踏频。之后启动计时器，每隔 30 秒提速 1.6 千米 / 时，也可以利用调节挡位获得所需的速度。当你无法在完整的 30 秒时间维持同一速度时，就结束这次间歇训练。没错！正如你所说的，再继续下去会对身体造成伤害，运动时长要视体能情况而定，但这个间歇训练至少要完整地完成两次，在间歇训练之间要利用 3 ~ 5 分钟充分休息。如果能够完成 3 次或 4 次间歇训练，那真的很棒，这种训练是对体能的严峻考验，绝对要因人而异。如果你规律性地进行这种间歇练习，并用日志进行跟踪，当你回头再看这些记录时，一定惊讶于所取得的成绩。你要提速并延长间歇训练时间，记录这次间歇训练的最高速度，下一个训练时我们会用到它。

V 型速度训练

用时总计	30 ~ 60 分钟
热身	10 分钟
骑行地形	训练台
训练强度区间	5
训练时间	10 ~ 30 分钟
整理运动	10 分钟

这个间歇练习的上半部分和"勇往直前"相似，一旦达到最高速度就反向降速，每 30 秒降低 1.6 千米 / 时。

你不必要求自己像在"勇往直前"训练中那样刻意追求最快速度，但在那个训练中取得的最高时速可以作为这个练习的参考值。以 24 千米 / 时或 25 千米 / 时的速度开始，每 30 秒提速 1.6 千米 / 时。你也可以利用挡位获得速度和想要的踏频。"V 型速度训练"中的最高时速要比你在"勇往直前"训练中的最高时速慢 3 ~ 6 千米 / 时，以最高时速骑行 30 秒后开始降速，每 30 秒降速 1.6 千米 / 时，直到回到初始时的启动速度。你也许只能完成一次"V"提速和降速周期，如果体能允许，可以适当加量，但要根据自己体能量力而行。

切换挡位时会释放一些动能。如果全力以赴蹬踏踏板，变速器可能无法承受如此巨大的压力。无论是在爬坡还是在间歇训练，切换时要暂时放缓动作，完成切换后再重新回到原来的发力状态。无论是在公路上还是在训练台上，一定要练习切换动作，直到可以顺利地完成为止，切换过于笨拙可能导致输掉比赛，对此，你可以了解一下在 2010 年环法自行车赛中发生在安迪·施莱克身上的故事。

时间到——休息时间递减训练

每天你都应该做点什么来证明自己很强大。一天当中的某个时间点，你要强迫自己表现得比预期更好，无论是大事还是小事。这样做的目的就是让自己向更远处迈进一步。通过这样做，你会知道，当你投入测试时，你已经养成一种向自己证明你很坚韧的习惯。

用时总计	30 ~ 45 分钟
热身	15 分钟
骑行地形	训练台
训练强度区间	6
训练时间	6 ~ 18 分钟
整理运动	10 分钟

在这项训练中，休息时间将逐渐减少，这样做是为了让身体学会应付乳酸。大强度运动产生的所有代谢废物以及累积的肌肉疲劳感，都会迫使你去适应这种并非如你所愿的生理状态。

完成热身后，以最快速度进行 30 秒骑行，然后休息 1 分钟，再次启动并保持 30 秒，但这次只休息 45 秒（每次休息时，休息时间都逐渐缩短），全力骑行 30 秒，然后休息 30 秒，再全力骑行 30 秒，休息 15 秒。完成这一组练习后，至少休息 5 分钟再进行下一组练习。

20 秒

用时总计	30 ~ 45 分钟
热身	15 分钟
骑行地形	训练台
训练强度区间	5
训练时间	6 ~ 18 分钟
整理运动	10 分钟

　　这次间歇训练的转换非常快：20 秒全力骑行，接着 20 秒恢复性慢骑。一次发力紧接着一次恢复，反复进行，5 次为一组，也就是说，5 次 20 秒启动，5 次 20 秒恢复，完成这 5 次间歇后至少休息 5 分钟，让身体得到充分恢复。如果体力不足，则完成 1 ~ 3 组练习即可。

　　你也许并不参加比赛，但这种间歇方式非常有助于提高体内优质能源系统的工作效率。通过这种训练，你能够在高强度和低强度发力之间转换自如，身体更容易在完成高强度发力后再次发力。

　　当然，没有哪种训练是必须一成不变的。当你按照书中的训练不断取得进步时，你会发现对自己有用的练习，同时也会感觉有些练习对你而言效果一般。要记得在训练日志中对此进行记录，这样，当你开始新的训练模式时，就可以将有效的方法补充进去。

前后半圈——半程踩踏训练

如果有机会在前面有镜子的训练台上做些训练，你会真正了解自己在自行车上的样子，但不必担心会遭遇车祸。

用时总计	35 ~ 45 分钟
热身	10 分钟
骑行地形	训练台
训练强度区间	4
训练时间	11 ~ 22 分钟
整理运动	10 分钟

这次要进行的间歇训练对技术要求很高，而且有点乏味，但的确有助于改善姿势。间歇时长为 2 分钟，只在曲柄转动的前半圈踩脚踏板，双腿同时对称进行这一动作。现在如第 14 章中描述的那样，进行 2 分钟完整圆周踩踏，有意识地关注姿势。下一个 2 分钟只在曲柄转动圆周的后半圈进行踩踏，只做向上提拉的动作。进行这项练习时要使用自锁脚踏或定趾器。最后，踩踏 5 分钟完整圆周。如果还没尽兴，可以重复整个周期。

模拟坡道

用时总计	30 ~ 45 分钟
热身	15 分钟
骑行地形	训练台上设定的小坡道
训练强度区间	5
训练时间	6 ~ 18 分钟
整理运动	10 分钟

把自行车固定到训练台上时，将前轮抬高，离地 15 ~ 25 厘米（你如果使用的是滚筒式训练器，则不可以这样做）。增加阻力，以保持 85 ~ 90 转/分的踏频。10 分钟爬坡后休息 2 分钟（休息时，降低阻力，换到轻松挡位），体能足够的话，重复进行这一练习。

这种练习是在训练台上模拟爬坡。和许多在训练台上进行的训练一样，这个训练也是关注姿势。在整个 10 分钟间歇练习中，保持双手处于车把顶部，臀部稍微后移，方便驱动曲柄时发力。注意动作要自然流畅，肩部不要随意摆动。如果你真心希望纠正姿势，可以在训练台前摆放一面镜子，以便在训练时仔细观察自己的姿势。

不要将自己定性为爬坡型选手或计时赛选手，这样的界定可能会埋没车手的某些能力。许多车手以某种骑行特长开启了职业车手生涯，但最终很有可能在其他方面表现出更加卓越的才能。你应该对自行车运动进行全方位关注，如果你对这项运动非常热爱，那就更要如此。

训练台上的间歇式训练

切记，你可以在训练台上模拟任何训练。可以从前几章中抽取任何一种训练在训练台上进行操作。你会发现，训练台上的训练和路面上的训练非常不同。训练台更加考验人的心理素质，让你感觉度日如年。没有室外的凉风给你降温，你会发现排汗量非常惊人。

在训练台上训练时可以更加关注姿势，因为不必考虑自己处于什么地理位置。前面说过，在前面放一面镜子是非常有帮助的，你可以仔细观察自己在车上的样子，特别是发力的时候，这会改善你的姿势。

在训练台上骑行最适合测试新的装备，如果哪里不合手或感觉不舒服，你不必在整个骑行过程中忍受这种不便，可以立即跳下来解决该问题，然后再重新开始。

室内训练台训练计划示例

周	周一	周二	周三	周四	周五	周六	周日
1	休息或健身房	时间到 第 138 页	眩晕 第 135 页	休息或健身房	模拟坡道 第 141 页	交叉训练	双倍用时 第 80 页
2	休息或健身房	全速前进 第 76 页	前后半圈 第 140 页	休息或健身房	高速切换器 第 133 页	真正的独行侠 第 134 页	交叉训练
3	休息或健身房	时间到 第 138 页	V 型速度训练 第 137 页	休息或健身房	1 分钟间歇 第 79 页	交叉训练	眩晕 第 135 页
4	休息或健身房	1 分钟间歇 第 79 页	真正的独行侠 第 134 页	休息或健身房	模拟坡道 第 141 页	前后半圈 第 140 页	超长间歇 第 83 页

第 12 章

非赛季训练

克里斯·鲍德温的观点

克里斯·鲍德温是 Bissell 职业自行车队成员，两次赢得美国国家计时赛全国冠军，也赢得过环吉拉自行车赛冠军。

好吧，"非赛季"这几个字对车手而言实在是最迷人的字眼。尽管大部分职业车手都难以抗拒运动的魅力，但他们仍然盼望在经历了各种大赛和艰苦训练之后，能有机会充分休息，这种感觉很像兴奋地离开学校开始愉快的暑假生活一样，内心放飞出无数美好的期待，好像要将所有错过的好事都弥补回来似的。现在，他们要暂时撇开那些焦点，为新的赛季休养生息。我认识的车手们会在这个时候享受美食、去海边度假或在镇上整夜狂欢。

如何度过非赛季或是离开自行车的日子，每个人的方式都不一样。人们有各种不同的需要、品位和要做的事情。

很久以前有人建议我 4 周完全不碰自行车，听上去这样做只是为了恢复好不容易获得的体能。我采纳了这个建议，同时也意识到，生理和心理的休息就像对蓄电池进行快速充电。的确如此，我的体力以神奇的速度得到了恢复。在我的职业生涯中，只有一次没有按照这个建议进行，而是将休息时间缩短为 2 周，我想在下一个赛季来临之前"抢占先机"。可是结果却适得其反，我以更加疲惫的状态开始了那个赛季，状态奇差。于是，在过去的几年里，我的休息时间实际上是在 4 周的基础上又增加了一周！

休息几周后，我会参加短距离背包游或瑜伽课。但老实说，这次休息我什么都没安排，只是吃了一些垃圾食品，修了一下房屋，还喝了一些平时不敢喝的啤酒。我和我妻子一起度过了许多没有自行车的欢乐时光。当这一切都结束时，我感觉精神百倍，特别渴望进行训练，浑身充满了力量，对下个赛季取得更好的成绩充满信心。

旦赛季结束或一个大的训练周期结束，你需要对过去进行评估并重新整装待发。过去的一段时间，你一直在努力实现自己的目标，而现在，你要坐下来，回顾这些过往，想想是否实现了目标？训练是否严格按照计划进行？优势和劣势都有哪些？还有哪些潜在的弱项限制了你的发挥？

回答这些问题能够帮助你更有效地制订下一次的训练计划。完整浏览训练日志，重新回顾所有的成就，在日志中罗列 3 条有效措施和 3 条下一赛季需要调整的地方，趁着思路还很清晰，将把它们记录下来，它们可能会为你在未来几年的成功添砖加瓦。

阶段 1：休假

非赛季的假期应该分成两个阶段。第一阶段是摆脱自行车，让身心从没完没了的训练和骑行中恢复过来。当新的赛季开始时，再次骑上自行车，你会感觉更有力量，也更加专注。即便你踌躇满志，急切地盼望新赛季的到来，也必须强迫自己远离骑行。

在这个阶段，要摆脱一切与自行车有关的事物。完成对上个训练年的初始评估，然后将日志束之高阁，将自行车高高挂起，锁上工具房，接下来的几周，让自己的注意力集中在自行车以外的其他事情上，不要再想着上个训练年中暴露出来的短板，尽情享受没有训练的好日子。这样的假日可以持续 2 ~ 4 周。切记，在此期间，你仍然可以保持活跃状态，但不要接近自行车，也不必对活动进行策划，要让心态平静下来，尽量放松。

阶段 2：基础体能和力量训练

结束了与自行车无关的假期，就要进入非赛季假期的第二阶段，并保持基础体能训练。这个阶段也可以持续 2 ~ 4 周。你可以根据假期时限进行一些调整。结束了艰苦的赛季，非赛季的目标就是要有一个 4 ~ 8 周的休息期，并任意选择能让自己开心的活动。非赛季的健身活动应该生动有趣、娱乐性强，能够让人神清气爽。唯一的要求就是你可以用任何形式进行健身，但绝不是骑自行车。时不时踏车出游当然是完美的休闲方式，但进行的大部分有氧运动应该排除骑自行车这项运动。

整个赛季持续的训练会让某些特定肌肉组织和系统得到发展，因此，在非赛季时，要着重强化在赛季被忽视的肌肉组织的力量，选择一旦开始训练就能立刻对心肺功能有益的项目，例如跑步、徒步旅行、游泳、越野滑雪和雪地行走。总之，只要能够提高心率的运动都可以。

这些训练不需要严格控制，但是每个星期至少应该进行 2 ~ 3 种训练，每次进行 30 ~ 60 分钟。再次强调，这些训练是否具有针对性并不重要，重要的是进行的训练可以刺激有氧系统。有些项目，比如滑雪或投篮，看上去根本不像训练，但你会从中体会到很多乐趣。

核心力量

在非赛季的第二阶段中，还应该关注在健身房进行的训练，这是加强核心肌群力量的最佳时机。训练要从强化核心肌群开始。找一家当地健身房，参加相应的训练课程来强化核心肌群的力量，可以做瑜伽或普拉提，请私人教练或只是去健身房锻炼都可以。需要注意的是，不要只关注能够举起多少重量，而要更加注重提高核心肌群的力量和柔韧性。

　　争取每周健身 2 ~ 3 次，别忘了活动中间要休息。非赛季中可以将核心肌群训练与基础性的体能训练相结合。

　　核心肌群训练可以防止赛季中受伤和运动过度，同时帮助你从一种较高水平的基础体能状态轻松过渡到真正的训练中。如果时间充裕，应该将瑜伽和普拉提这样的项目也整合进来，这两项运动都可以强化基础体能，让身体在将来能够承受更多训练负荷。

　　下面我会提供一些示范练习，主要是为了打造一个强健的核心肌群。瑞士球或平衡盘在核心训练中非常有效，如果家中或健身房没有这些器材，也可以直接在地板上练习大部分动作，但扔药球只能去健身房进行。再次强调，这些训练只是示范，你当然可以采纳朋友的建议或请私人教练进行指导，问题的关键是所做的训练要作用于核心肌群。

核心肌群练习示范

瑞士球伸展

训练步骤

1. 将瑞士球置于小腹位置，身体平卧于瑞士球上。
2. 保持一只脚与地面接触，后背保持水平，伸出一只手臂与一条对侧腿，肘部和膝关节保持伸展状态。
3. 缓慢放下手臂和腿，蜷伏于瑞士球上。
4. 用另一只手臂与另一条对侧腿重复这个练习。

提示

骑车时背伸肌群必须长期对抗训练负荷，因为在骑行的大部分时间里，这些肌肉要帮助身体维持向前的姿势。如果后背感觉酸痛或疲劳，那就是这些肌肉在"抗议"。瑞士球伸展练习对锻炼背部特别有效，因为这一系列动作都要求最大限度地拉伸。在骑行中总有些时候需要身体向前匍匐于自行车上，而这个练习正好与之形成反向动作。不要以为这个练习是越用力越有效，切记，在整套动作中，充分舒展并活动肌肉会让你获得每一丝肌肉纤维中蕴藏的力量。

变式动作

瑞士球同侧伸展： 同时抬起同侧手臂和同侧腿，这是一种很有效的变式练习，这样做会锻炼不同的平衡点，让训练更加全面。

反向腿部伸展

训练步骤

1. 将瑞士球置于小腹位置，俯卧于瑞士球上，伸出双臂，手掌平放于地面，腿部保持绷直，脚趾触及地面。
2. 保持膝关节伸直，慢慢收缩臀部，上提双腿离开地面。
3. 回到初始姿势。

提示

前面我提到过，自行车运动对下背部是个严峻的考验。在健身房中，你应该更加关注并强化这些腰背肌肉，免得它们将来出现伤病。切记，平衡的肌肉组织是拥有良好协调性和防止受伤的关键。骑行往往让你拘泥于某些骑行的特定姿势，因此，在健身房中进行训练时，动作练习要更加全面。如果在多方位的动作练习中，身体体现出良好的平衡性并拥有强大的肌肉力量，你的骑行会更快更好。

变式动作

腰部倾斜伸展：如果这个练习已经进行了一段时间，可以手持哑铃来增加难度。可以利用倾斜的腰部伸展机或训练凳来练习这个动作。随着稳定性不断提高，可以减少稳定肌的训练量。

瑞士球抬上体

训练步骤

1. 将双手交叉置于胸前，下腰部压在瑞士球顶部，后背和大腿呈一条直线并与地面平行，膝关节弯曲 90 度，足部平放于地面。

2. 尽量向上提起下颌和身体。

3. 在最大高度保持一会儿，然后缓慢回到初始姿势。

4. 为了增加难度，可以在整个动作中双臂伸直于胸前，手握药球或杠铃片。

提示

爬坡过程中，车手需要持续发力，这就需要强大的核心肌群来处理腿部在踩踏过程中产生的扭矩。最佳发力状态应该是上抬一条腿同时另一条腿积极下压，同时，双臂在车把上来回拉动。双腿和双臂自然屈伸的交替动作会让躯干弯曲并使之失去平衡。强壮的腹部可以保证上身和盆骨能够有效抵御多余的动作，这些不必要的动作会损失体能，导致效率下降。即便是最好的职业车手也仅仅利用了不到 27% 的效率，因此想方设法节省体能至关重要。

安全事项

保持下颌朝着屋顶方向。下颌贴胸会对颈椎造成很大压力。

变式动作

换边抬上体：仍然是这个练习，但是，除了上下移动身体之外，还要交替左右移动身体。这个运动不仅锻炼主要的腹肌，还会强化稳定肌和外侧肌。如想增加难度，还可以像之前一样，在上身上抬时，双手持药球或杠铃片，双臂伸展，置于胸部上方。

守门员

训练步骤

1. 手持一个药球置于胸前，站立于跳台前面。

2. 登上跳台，让无负重的一侧腿膝关节向上抬，同时伸直支撑腿，将双臂举过头顶，向上伸展。完成姿势应该是依靠单腿站立，手握药球举过头顶。

3. 保持动作稳定，踏下跳台，回到初始姿势。

4. 换另一条腿为支撑腿。

提示

做这个练习是为了在发力时能够保持姿势。当你踏上跳台并将药球举过头顶时，所有的稳定肌群开始动员起来，因为单腿站立的同时又手持重物举过头顶，盆骨必须稳定锁住，这种情形和骑行处于发力状态时很相似。无论骑行时是坐姿还是站姿，一旦双腿进行不同的动作，盆骨就必须形成稳固的底盘来应对这种情况。"守门员"练习涉及躯干和上肢的负重训练，就像自身重力作用于车把上完成数小时的训练。

变式动作

台阶及压力：如果体育场馆中有可以利用的台阶，它们可以成为"守门员"练习的极佳训练设施。双手各持一只哑铃，每次隔一节台阶上楼梯。上台阶时，进行哑铃举过头顶的臂压练习，双臂可同时进行或交替进行。

瑞士球传递

训练步骤

1. 仰卧平躺，四肢水平伸直，双脚夹紧瑞士球，将双臂水平伸展至头部上方。

2. 做卷腹动作，腿部和臂部呈垂直姿势，肩部离地。

3. 将瑞士球从双脚递给双手。

4. 放低双手至初始位置，直到臂部和腿部再次恢复水平伸展。重复以上动作。

提示

骑行中，骨盆所具有的稳定功能非常重要。无论是冲刺还是爬坡，或是计时训练，腿部都要依靠稳固的基础确保它们在驱动曲柄时能够产生强大的动力。在计时训练中，以下把位骑姿快速骑行时，上身要保持稳定，就像稳健而锋利的刀锋一般穿过迎面而来的风。双腿传递给踏板的力量越大，骑行速度就越快。腹肌在建立这个基础的过程中发挥着重要作用。"瑞士球传递"练习有助于锻炼臀部肌肉、腿部肌肉和腹肌。通过让双脚夹球，髋部内收肌群会得到锻炼，而强大的内收肌群和外展肌群有助于在骑行疲劳阶段或以最大功率骑行时，让双腿保持流畅的踩踏动作。

抛药球

训练步骤

1. 双手持药球在离墙 2.4 ~ 3.0 米的位置站立。

2. 收腹转体，将药球带至一侧，站立时发力，腿充分蹬地，远离墙面的腿抬起略高于支撑腿。

3. 快速发力，充分伸展将球抛向墙面。

4. 待球弹回时用手抓住，快速换另一侧重复这一动作。继续交替进行直到完成一组训练。

提示

爆发力是自行车运动的必修课。在正确的时间快速发力可能会创造一次赢得比赛的机会。请发挥想象力，你正在与对手们爬坡，当你认为时机成熟时，奋力向前一跃，加速后，要能够保持两分钟的高速骑行，然后车速慢慢下降，回落到之前的踏频。这时，就算你与对手们以相同的速度爬坡，你也已经与他们拉开了相当长的距离。现在你要做的就是尽量保持这个距离，直至到达终点。抛药球有助于培养爆发力，使你有机会创造这种先机。这个训练的重点是利用抛投动作本身的爆发特性。抛投这个词已经准确描述了你在这个练习中要做什么，就是用尽全力抛出那个球！

变式动作

蹲姿前抛： 以半蹲姿势开始，冲墙保持半蹲姿势，手持药球置于胸部。突然起立，同时将药球抛向墙面（在球上施加一个推的动作，有点像篮球中的传球）。回到初始姿势，快速连续地重复这一动作。要想加大难度，可以在做同样的练习时将药球从头后向前投掷，这个动作与将足球从头后面抛出去差不多。

提升力量

完成了为期数周的核心肌群训练后，是时候开始针对自行车运动的特点进行力量训练了。非赛季的目标就是要提高自身基本体能，使它能够在将来转化成自行车运动所需的速度和力量。这里要说的力量训练将帮助你在踩踏画圈动作中产生最大功率。

接下来，我不会过多解释负重训练，那不是这本书要讲的重点，但我会提供自行车车手需要做的一些负重练习。你可以考虑找一位私人教练，他最好能够带领你实施完整的训练计划并确保练习的准确性。一定要从较轻重量开始逐渐进入状态。只要在健身房健身，就会有受伤的风险，因此要确保重量是循序渐进地提高的，不要追求过高重量，这样可以保持良好的姿势，如果健身方法不正确，不如暂时放弃该方法，以免受伤。

在非赛季加强力量训练时，应该争取每周至少进行 3 次训练，每次至少完成 2 组或 3 组练习，可以考虑将力量训练分成 3 个独立的练习阶段。力量训练的相关书籍中会提供更加复杂的计划，如果你处于初级阶段，本书中这种模式就够用了。

1. **过渡阶段。** 这一阶段主要强化韧带、关节和肌肉群，使它们能够满足力量训练的要求。要从较轻重量开始，给身体足够的时间去适应健身任务。这是训练的第一个阶段，在几个阶段中属于过渡阶段。初始的过渡阶段会持续 2 ~ 3 周，进入训练后，各建设阶段之间的过渡将持续 1 ~ 2 周。

2. **建设阶段。** 这个阶段是真正开始执行训练任务的阶段。通过进行较少重复、较高负荷的练习使力量得到加强，你就会骑得更好更快。这个阶段将持续 2 周时间。完成建设阶段后，应该再次返回过渡阶段，在过渡阶段进行为期 1 ~ 2 周的训练，然后再次开启另一个建设阶段。

3. **维持阶段。** 自行车赛季的大部分时间都属于这一阶段。经过几轮过渡阶段和建设阶段，你已经为长时间骑行做好了准备。常规训练年即将开始，你需要保持已经获得的肌肉力量。

在非赛季，你会在过渡阶段和建设阶段之间转换无数次，而完成多少个周期是由整体训练计划和在健身房花的时间来决定的。想有一个不错的起点，建议在健身房的训练时间为 2 ~ 3 个月，然后再开始进行自行车针对性训练（见表 12.1）。

表 12.1　力量训练阶段

过渡阶段	建设阶段	维持阶段
初始阶段为 2 ~ 3 周	2 周	整个赛季
重复 15 ~ 20 次	重复 6 ~ 10 次	重复 10 ~ 12 次
3 组	2 ~ 3 组	2 ~ 3 组

负重练习示范

器械负重压腿

训练步骤

1. 坐于卧蹬训练器上，双足分开与肩部同宽，后背贴住靠垫。
2. 慢慢弯曲双膝，放低卧蹬器，直到双膝呈 90 度。
3. 伸直双腿，将卧蹬器推回初始位置（双膝不要内扣）。

提示

　　这个练习是车手必备的腿部练习。卧蹬器有助于训练腿部蹬力，发展骑行需要的爆发力。背部稳固支撑可以防止从蹲姿突然加速时受伤。调整足部位置有助于锻炼到不同的下肢肌肉群。如果将足部抬高，则会锻炼臀大肌和腘绳肌；足部放低，则会重点锻炼股四头肌。双足间宽距可以锻炼股四头肌内侧头和髋部内收肌群；双足间窄距可以锻炼股四头肌外侧和髋关节外展肌群。

分腿蹲

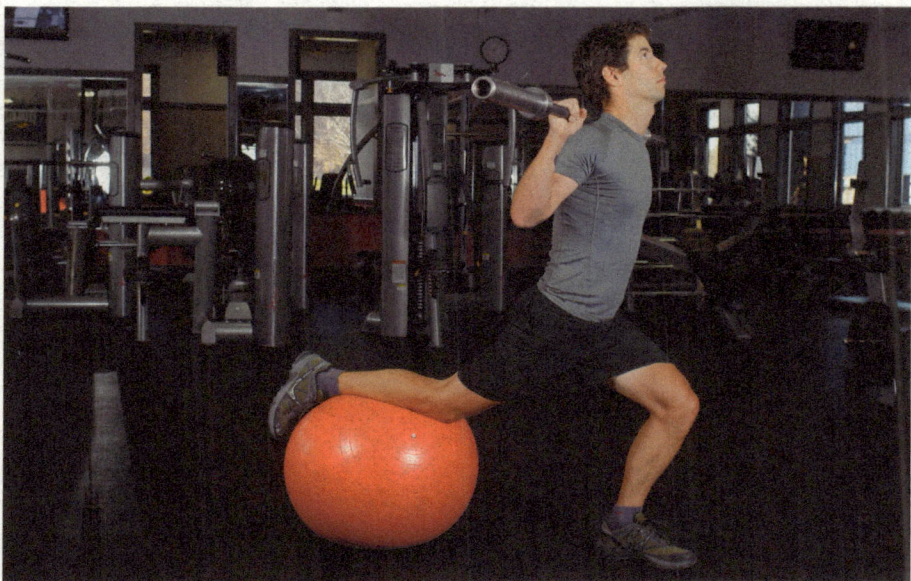

训练步骤

1. 站姿，将杠铃置于肩部。
2. 一只脚稍微向前，另一只脚向后伸展，置于瑞士球顶部。
3. 慢慢弯曲前膝，直至前膝呈 90 度。回到初始站姿。

提示

想象一下，你正在经过一个较陡的坡路，而且只能加速来摆脱另一位车手的进攻，你需要划出踏板的最大行程来应对挑战。分腿蹲可以锻炼出强大的股四头肌，这将确保你在蹬踏踏板时爆发出强大的反冲力量。这对车手来说是一项非常重要的训练，通过这个动作还可以进行腿部单独训练。自行车车手的双腿力量是不均衡的，一条腿会比另一条腿强壮一些，很多人并不知道这一点。车手同时进行双腿训练会隐藏这一点，而分腿蹲训练能够完全暴露这种不均衡，并通过训练加以弥补。

变式动作

长凳分腿蹲：为了在做动作的过程中更加稳定，可以将向后的那只脚置于一个凳子上，如果感觉瑞士球不好掌握平衡，放在凳子上会更稳当一些。

史密斯机器分腿蹲：可以使用史密斯机器来稳定动作，它还有助于防止背部受伤，为车手提供保护。

腿部伸展

训练步骤

1. 坐在训练机上，膝部中部与支撑点对齐。
2. 抬起双腿，直到双腿伸直，勾脚尖。
3. 短暂停顿后，回到初始姿势（膝关节弯曲至 90 度）。

提示

下次骑行时试着感受一下以均匀踏频行进时腿部不同肌肉的发力。在冲刺或爬坡猛烈加速时也要感受一下。你会注意到腿部踩踏动作处于画圈行程顶部时，股四头肌仿佛点燃了"动力之火"，同时也能够感觉到这部分踩踏动作与在腿部伸展机上的动作有相似之处。看看任何一位严格训练的车手如何锻炼他们的股四头肌，你就会意识到在骑行的过程中，这些肌肉组织肩负着怎样重大的使命了。

安全事项

为避免后腰受伤，要保持脊柱紧贴机器靠板。

俯卧后屈腿

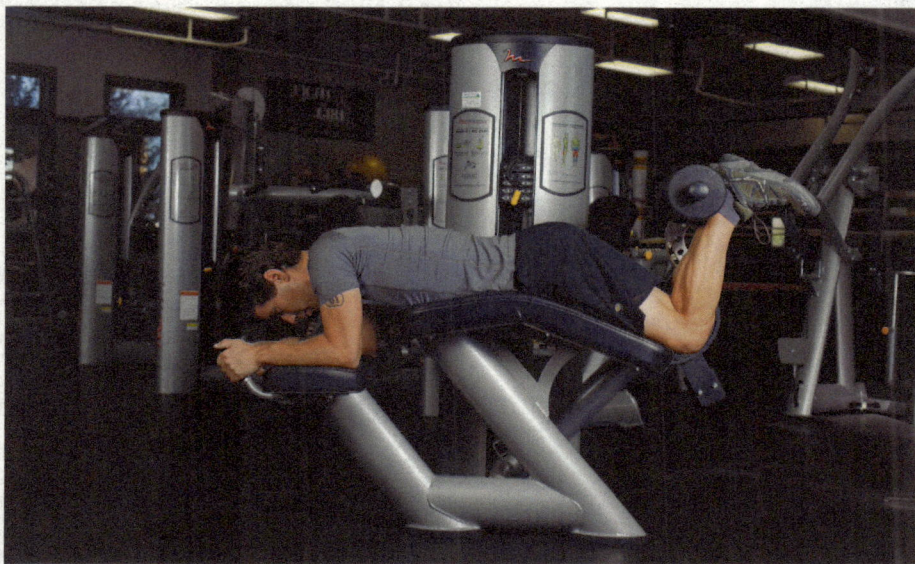

训练步骤

1. 俯卧在训练机上，膝部中部与支撑点对齐。
2. 让腹部和盆骨平贴于垫子上，膝关节弯曲的幅度大于 90 度。
3. 短暂停顿后，回到初始位置（膝关节伸直）。

提示

实现高效的踩踏要求双腿要保持不断交替发力并能够互相配合。腿部伸展练习模拟踩踏行程处于顶部和前部的状态，而后屈腿练习则是模拟踩踏行程处于底部和后部的状态。当你俯卧在屈腿训练机上时，想象足部正处于踩踏冲程弧线底部。要保证在练习中后背没有拱起，骨盆没有离开垫子。切记，这组练习是为了独立训练腘绳肌，使它们得到最为充分的锻炼。

变式动作

坐式后腿肌屈伸：坐式后腿肌屈伸对腘绳肌很有好处，可以随意选择健身房中可用的器械进行这种练习。

瑞士球靠墙蹲

训练步骤

1. 站姿，将瑞士球置于下背部和墙面之间。
2. 双手各持一个哑铃，双臂伸直垂于身体两侧。
3. 做下蹲动作，将膝关节弯曲呈 90 度，瑞士球会随着下蹲动作进行滚动。
4. 回到初始位置。

提示

　　这个练习不仅帮你拥有更加强大的"活塞"来驱动踏板，同时也会重点锻炼腹肌、背肌和下肢稳定肌。这种稳定性有助于强化核心肌群，为后续骑行做准备。在感到疲劳时，姿势往往开始失控，效率也开始下降。这种情况发生越晚，成绩就会越好。

变式动作

　　计时下蹲： 以上述方式下蹲，不要使用哑铃，不做重复动作，只是保持一段时间。比如，可以蹲 30 秒、1 分钟、2 分钟或更长时间，要视体能和状态而定。

　　在平衡盘上下蹲： 如果需要一些真正的不稳定性，可以站在两个平衡盘上进行计时下蹲练习。

非赛季训练计划示例

周	周一	周二	周三	周四	周五	周六	周日
1	健身房	交叉训练	健身房	自由训练	健身房	交叉训练	自由训练
2	健身房	自由训练	健身房	交叉训练	健身房	自由训练	交叉训练
3	健身房	交叉训练	健身房	自由训练	健身房	交叉训练	自由训练
4	健身房	自由训练	健身房	交叉训练	健身房	自由训练	交叉训练

第 13 章

骑行装备

有许多公路和山路都适合骑行。前面我已经提到过，本书主要是为了培养优秀的车手，帮助车手充分利用每次骑行，而这一切都始于一个基础——装备。

你需要准备骑行装备，以实现舒适、高效、你自己想要的骑行模式。骑行装备的种类令人眼花缭乱，如果你是个新手，会感觉无从下手。在本章中，我将为你提供一些切实可行的建议和信息，供你选择装备时进行参考，让你充分享受骑行的乐趣。去自行车专卖店之前，要详细了解自行车的各种零部件（图 13.1），这会帮助你更加准确地思考哪种型号最适合你。

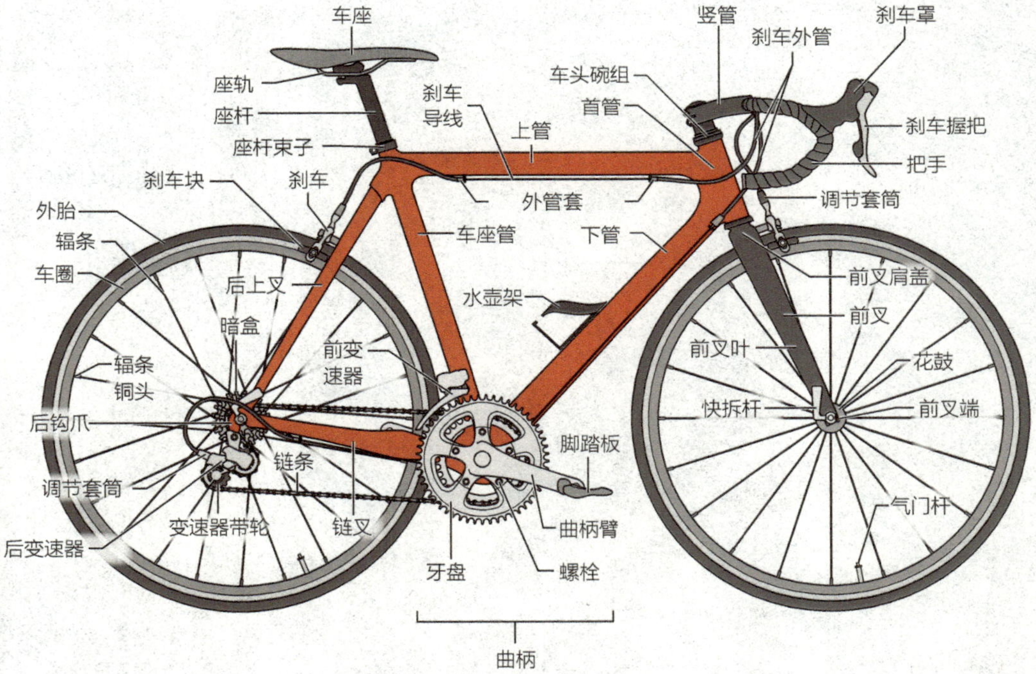

车座
座轨
座杆
座杆束子
刹车块
刹车
外胎
辐条
车圈
后上叉
暗盒
辐条铜头
后钩爪
调节套筒
变速器带轮
后变速器
链条
链叉
刹车导线
上管
外管套
车座管
水壶架
前变速器
牙盘
脚踏板
曲柄臂
螺栓
曲柄
竖管
刹车外管
刹车罩
车头碗组
首管
下管
刹车握把
把手
调节套筒
前叉肩盖
前叉
前叉叶
花鼓
快拆杆
前叉端
气门杆

图 13.1 自行车零部件

如何选择自行车

　　自行车（特别是车架）是所有装备的基础，不言而喻，自行车本身是你最重要的装备，如果预算有限，那么大部分钱都应花在拥有一辆高质量的自行车上，各种升级配备、配件和其他零碎的东西统统可以以后再置办。

　　首先，要决定选择使用哪种自行车陪伴你度过今后大量的骑行时间。公路自行车外形漂亮、线条优美、速度快，而且非常高效。主要用于在铺设好的道路上骑行。公路自行车车体重量轻、质地坚硬，而且有很高的舒适度。无论是爬坡、下坡或起伏的路面，公路自行车都以追求速度为设计目的。

　　山地自行车的动力系统更加适合山路、土路和越野骑行。山地自行车适合崎岖的路面，可控性好，而且具有很强的避震性。就算你知道自己想要一辆山地车，但真正选择的时候也并非易事。你会面对太多选择，包括后避震器式、双悬浮式和 29ER 式。每种都有其独特的优势，我们会在这一章进行讨论。

　　计时训练在过去几年越来越流行，这种现象很大程度上归功于铁人三项赛的流行。计时（TT）自行车在利用空气动力学效能方面比其他种类的自行车技高一筹，如果注重的是奋力骑行并取得非凡的成绩，那么 TT 自行车可以帮助你发挥出最佳状态。

　　公路越野车是公路自行车和山地自行车的完美结合。这种车型的设计主要针对普通道路条件。公路越野车的车体较轻，便于扛起。有些专门为这种自行车举办的比赛，在比赛进程中，骑车和扛车是结合进行的。

　　旅游登山车和混合动力车专门考虑了舒适性和负重能力，因为需要携带帐篷、包裹、生活用品和公文包等。这些车型非常适合上班族、城市居民和远距离旅行者。

　　一旦决定了自行车的类型，下一个重要环节就是看车架的成分。科技已经强化了车型的区别，而车架的材料也千差万别，每种都有自己的特色。钢架、铝架、碳纤维架和钛金属架最为普遍，也有其他五花八门的材质可供选择，我甚至骑过一辆竹架自行车。

　　有些制造商会在不同的部位使用不同的材料，这使得选择变得更加复杂。你可以上网征求建议、问问周围的人，最后还要好好试骑一下。每个车手的个性各不相同，一个人可能觉得某种车型很酷，但另一个人却感觉它平淡无奇。所以在试骑的时候要相信自己的感觉，没有人比你更了解自己！

车架材料

车架技术日新月异。以前，自行车大都是钢质的，而现代科技为制造商大大扩展了材料和材质的选择范围，一切只为了减轻车身重量并提高性能。除了追求车身更轻，好的自行车还要求有非常好的舒适性，在公路或山路骑行时要表现出卓越的避震效果，同时，在爬坡、冲刺和过弯道时还要具备极强的硬度。详见下列各种金属和复合材料的性能对比。

- **钢质：** 当代的钢材非常结实，但高硬度必然伴随大重量。钢质材料可以提供很好的舒适性，避震效果很好，能够灵活适应路面变化，消除颠簸。新型的空气淬硬钢在减轻车重的同时提高了硬度。管材发生微小破损也很容易焊接，微小凹痕不会明显影响硬度。但是钢材会发生"疲劳"，随着时间的推移，会失去原来的强度。
  - 优点：坚固、舒适、经济、容易修理、经典。
  - 缺点：车身较重、易产生疲劳感，不适合大体重或冲刺型车手，油漆脱落点容易生锈。
- **铝质：** 铝是一种重量轻又便宜的金属。为弥补铝金属的低密度缺陷，自行车铝质管材往往比经典的钢质管材要厚一些。在对管材的形状设计中充分考虑了强度。只是微小的凹痕对铝材而言仍然会明显影响车身强度和硬度。
  - 优点：车体轻便、经济实惠、容易塑型（流线型）、硬度好（大块头车手也能使用）。
  - 缺点：舒适性差、更易损、不易修理。
- **钛金：** 钛金材质有着卓越的造型优势。材质轻巧、耐用、抗腐蚀、骑行舒适。许多"钛金"自行车实际上是由钛、铝和钒的合金制造的。
  - 优点：轻便、弹性好、舒适、不生锈（因此无须刷漆）。
  - 缺点：价格高、比铝质和碳纤维硬度低、不容易修理。
- **碳纤维：** 纹理相同的纤维黏合在一起，形成强大的碳纤维强度。金属材料在各个方向的强度都是相同的，而碳纤维材质可以根据需要来定制不同的纤维强度。
  - 优点：容易压模、坚固耐用、车体轻盈、抗疲劳、骑行舒适。
  - 缺点：价格昂贵、易破损，如制造有误会导致骑行不舒适。

公路自行车

环法自行车赛上我们看到的就是公路自行车。它们专为光滑的平坦道路设计，一切以踩踏行程能够实现速度最大化为出发点。车手在骑行时所采用的姿势要尽量减少风阻，增加功率输出。如果你想参加比赛或实现最高骑速，这种车最适合。

公路自行车的轮胎奇窄、车座狭长，带前后牙盘和标准下弯式车把（图 13.2），车身轻便，符合空气动力学原理，每个部件的设计都会充分考虑如何实现最大效率和长时间骑行所需要的舒适度。

公路自行车的轮胎规格差别很大。大部分公路自行车车圈直径为 700 毫米（或700c），为沿着一根辐条从花鼓到车轮外侧的距离。而字母 c 并不代表某种测量单位，它是法国轮胎的传统表示符号。还有很多其他尺寸，如 650 毫米和 27 英寸等，但是我会推荐 700c 车轮，因为，有些赛车组织要求参加竞赛的车辆只能使用这个规格。

车轮尺寸的第二个元素是车胎宽度。大部分比赛用车的车胎宽度从 18 ~ 32 毫米不等。车胎的宽度是指从车胎一边到另一边的距离（两边均垂直于转动中线）。如果你要购买内胎或外胎，都会看到这样的专业说法：700c×18 毫米或 700c×28 毫米。如果你想知道某辆自行车的车胎规格，可以查看胎侧的规格标识。

公路自行车有很多挡位，车手可以根据不同的公路地形调换挡位，实现最优性能。一次常规骑行要求骑行装备满足爬坡、高速下坡或平地巡航。如果参加比赛还需要配置冲刺装置。

图 13.2　公路自行车

传动比代表前牙盘和后牙盘的配合。公路自行车有 2 ~ 3 片前牙盘，大部分赛车只有两个前牙盘，后花鼓一般带 10 ~ 11 个轮齿。

多年以来，自行车制造技术日新月异，花鼓上的轮齿数不断增加以便实现更高的效率。未来的自行车可能会带有更多的挡位选择。太多挡位看似有些繁复，但是当你真正骑在公路上并开始面对各种复杂的地形时，就会意识到这样做很有必要。合理使用挡位会提高骑行效率和速度。

车座极为重要。公路自行车的车座看上去与人们对常规座椅舒适度的理解正好相反，它非常狭窄，但对长距离骑行而言，狭长的车座更加舒适也更有效率。这样的车座使腿部活动更加自如，避免大腿内侧皮肤因过度摩擦而受伤。在本章中，我们会介绍所有类型的自行车，如果需要经常骑行，窄座无疑是最佳选择。

切记，车座对于骑行而言十分重要，必须确保车座非常适合你！你可以向当地的自行车专卖店或骑行小伙伴征询他们的建议，在他们所提供的信息基础上，尝试不同的座型，找到最适合你自己骨骼结构的车座。我有一个小小提示：千万不要因为想要更轻的车身而牺牲车座舒适度，不舒适的车座造成的损失要比增加的那么点重量大得多。

山地自行车

越野地形是山地自行车的竞技场。山地车带着一种天生的狂野气质，它们无惧恶劣的路面条件，可以吸收撞击、颠簸和在极为糟糕的路面上骑行。这种自行车的几何设计倾向于更高的稳定性和更强的避震效果，同时还有宽大的具有超强抓地力的轮胎。大部分山地自行车都配有某种避震系统：前避震、后避震，或两者兼有。因为大部分山地自行车要行驶于极端地形，因此它们有 3 叠牙盘，后面有 9 速或 10 速。

目前，山地自行车已经变得更有针对性，设计中会针对某种特殊地形。你可以购买专门用于下坡、越野、全山道的山地自行车。下坡山地车在飞速下坡骑行时在速度和缓冲避震方面具有出色表现。越野山地车是车身最轻的山地车，踩踏效率最高，但在崎岖路面骑行时的舒适度不是最好的。全山道山地车是一种折中款，可以在任何山地路面骑行。全山道山地款可以很好地应付大多数山区地形。建议购买越野山地车或全山道山地车，这两种车能够适合更多地形。

现代山地车通常都带有某种悬架系统。硬尾山地车只有一个避震前叉。不同的前避震器具有不同的"避震行程"，它是指震动沿着活塞上下移动的距离。下坡山地车的避震行程要比越野山地车和全山道山地车的避震行程长一些。双避震山地车设有避震前叉，后三角（后三角由座管、后下叉和后上叉构成）装有后避震。选择硬尾山地车和双避震山地车各有利弊。通常，硬尾山地车车体更轻，爬坡能力更强，而双避震山地车降速更快，骑行更加舒适。

　　车轮的选择也不简单，你可以选择车轮直径660毫米（26英寸）至740毫米（29英寸）的车轮。原来默认的山地车车轮为660毫米（26英寸），而现在740毫米（29英寸）也非常火爆（图13.3）。

图13.3　（a）29英寸硬尾山地车；（b）26英寸双避震山地车

　　每种规格的车轮都各有优缺点，建议花点时间上网浏览相关的文章。轮胎直径越大，在经过坑洼地面时，就会越顺畅，而26英寸的车轮会让你感觉更加轻巧灵敏。

　　所有运动都是熟能生巧，在自行车运动中，骑行越多越容易判断出哪种自行车更适合你的骑行方式。你只需要试骑一下就能感觉出最适合自己的车型。许多自行车爱好者可能都有选择恐惧症：硬尾、双避震和各种轮胎尺寸，这些的确让人头大。但在现实中，你可能不会选错，因为你可以试骑。骑上它，然后认真感受它，认真考虑店家和朋友以及网友的建议，最后再做出决定。如果你真的喜欢自行车运动，你可能不会只购买这一辆自行车，因此大可不必为了这些事情而夜不能寐。

　　山地自行车的车胎较宽，而且具有很强的抓地力。选择什么样的胎面花纹要看大部分时间是在什么样的地形中骑行。深齿间距较大的花纹胎面最适合松垮路面和一般山地，紧致呈束状的格形胎纹则是岩石地形的克星。山地自行车的标准车胎宽度为 4.6 ~ 6.4 厘米（1.8 ~ 2.5 英寸，但也有更大或更小的）。山地自行车的车管也有不同的尺寸范围。如果逛逛自行车管材区，在装车管的盒子上会看到这样的字：26×2.1 ~ 2.5（2.1 ~ 2.5 为车胎宽度，单位为英寸），说明只要车胎尺寸符合这一范围都可适用这些车管。与公路自行车一样，在这些车胎的胎侧都印有车胎尺寸。

　　之前我们说过，山地自行车有多个挡位，以便应对不同的地形。前面为 3 片牙盘，后面为 9 或 10 个齿数，这样就可以提供多达 30 个挡位组合。过去几年，有些地方开始流行单速山地车，这种自行车不用切换挡位。尽管这种单速自行车也非常有趣，但是如果你是个自行车运动新手，建议你最好选择带挡位的山地自行车。

TT 自行车

　　与计时器进行较量时，车手需要实现最大速度、最大空气动力学助力和最高骑行效率。计时自行车（TT 自行车）算不上功能多样，骑行算不上最舒适，但是对于特定的骑行任务，其表现的确令人眼前一亮。最早的 TT 自行车是由公路自行车改造而来，但是现在许多自行车制造商能够提供真正的 TT 自行车。这种自行车利用竖起的座管和车把使车手处于向前匍匐的姿势（图 13.4），保持这种姿势是为了让车手能够将所有力气全部传送到动力传输系统。

　　TT 自行车与公路自行车的车轮均为 700c。为计时赛设计的车轮更轻，这种车轮的辐条数量更少。它们不必应对公路自行车需要面对的复杂多变的地形或恶劣的路面条件，因此可以减轻车轮重量。其他可供选择的车轮还包括碟轮、盘形轮和三刀轮。

　　盘形轮比辐条轮更重，但它具有空气动力学优势。盘形轮和三刀轮都由碳纤维制成。碳纤维的盘形轮会在换挡时发出很酷的声音。如果参加比赛，对车轮的选择要慎之又慎。轻巧的辐条轮可以更好地应对爬坡和强烈侧风，而盘形轮无论逆风或顺风都能很好地应对。

图 13.4　TT 自行车

照片来自 Cervélo Cycles

　　TT 自行车有很多挡位，但有时只能在后面进行挡位切换。前面只有一个牙盘用于对付风阻和体重。很显然，如果需要在多变地形情况下爬坡，那么肯定要牺牲掉第二个牙盘来减少拖拽压力。变速杆安装在车把顶端，车手不必改变在 TT 自行车上的姿势就可以进行切换操作。

　　TT 自行车的骑行妙趣横生，而且非常酷炫。但是，如果你决定要购买 TT 自行车的话，建议你再买一辆别的自行车，以确保能够满足各种骑行需要，TT 自行车是专项性很强的设备。就算你主要是为了参加铁人三项赛，也一定要有一辆标准的公路自行车，你可以用公路自行车进行一般性训练。

越野自行车

　　越野自行车属于欧洲老派自行车。照片中，浑身是泥的车手们在风雪交织中肩扛着车跨越障碍物，这就是自行车的障碍赛！越野自行车满载快乐，许多人将它视为全能自行车。大部分最有意思的骑行都是由越野自行车来完成的，因为它对地形要求不高，无论是土路还是公路都可以胜任。

　　起初，越野自行车的车架和公路自行车的车架有些相似，车把带有相同的下弯。但是，仔细观察就会发现，越野自行车的车架更坚固，几何结构更具休闲风，也就是说，车座管和首管的角度更小。公路自行车的轮胎更光滑，专为公路路面而设计；越野自行车轮胎更宽，胎面布满瘤形凸起（图 13.5）。越野自行车的车轮尺寸与公路自行车相同，都是 700c。但越野自行车的传动比与公路自行车不同，越野自行车的传动比选项更多，更有助于进行爬坡、泥地及陡峭路面的骑行。

图 13.5　越野自行车

长途旅行自行车和混合动力自行车

　　你是否准备好踏上一次自行车之旅？旅行自行车具有出色的骑行舒适性和载物能力。所有管壁都更厚，与性能相比，车架的几何设计更侧重于舒适性。轻便的几何设计使它在下坡时不会产生过度压迫感，这一点在车子载满野营装备时显得尤为重要。

　　旅行自行车通常带有下弯式车把，车把上装有挡位调节器，即使两侧挂篮满载也可以调整挡位进入爬坡模式或巡航模式（挂篮是指挂在自行车两边货架上的包）。车架安装了座孔以便搭载前后货架或挡泥板。与公路自行车一样，这种旅行自行车的车轮为 700c，但胎面相对较宽，通常从 28 ~ 35 毫米不等。

　　混合动力自行车非常适合通勤人员，对于经常在市区活动的人也很合适。混合动力自行车的款式非常丰富，设计目的都是使适度距离内的骑行更加舒适。这种自行车通常都有传动装置，要么是标准变速器，要么就是一个内置调挡后花鼓。与旅行自行车一样，混合动力自行车通常会在设计中增加载重功能并安装挡泥板。总之，你有太多选择，如何选择完全取决于个人喜好和你骑上它时的感觉。

配件的选择

　　现在我们要说说配件。自行车的配件多得数不胜数，我习惯翻阅各种杂志来欣赏能够让骑行更加高效的物品。但是，你对它们的选择要分轻重缓急。头盔、鞋子和踏板应该处于最高优先级，然后是一条优质骑行裤，其他可以随后慢慢添加。下面我将介绍一些最重要的必备品。

头盔

　　你要买的第一个配件就是头盔。作为急诊医生和曾经的自行车车手，我可以向你保证，一个优质的头盔可能会救你一命。从地上爬起来，手拿破损的头盔，仍然保持着清醒的意识检查造成的损失，这是一种非常有助于成长的经历。

　　头盔的作用是化解撞击时产生的巨大冲击力。大部分头盔内部都会用聚苯乙烯泡沫（EPS）产生保护力，这种物质类似于泡沫冷却剂。当头部发生撞击时，铺满头盔内部的EPS 通过破碎或产生裂缝的方式吸收撞击产生的能量。

　　头盔应该轻便舒适，每次骑行都要佩戴头盔。如果职业车手能够在环法自行车赛的L'Alpe d'Huez 赛段戴着头盔忍受酷热并奋力向前，说明你在平时训练中也可以做到。如果有了优质的头盔，应该养成佩戴它的第二本能。

　　要确保头盔大小合适。亲自去自行车专卖店试戴并找到最适合自己的头盔尺寸。头盔应该带有某种防滑脱系统，以确保它与头部舒适贴合。要确保头盔能够覆盖住前额。我们经常会看到有些车手，特别是小孩子，他们将头盔放在脑袋后部，像个圆顶小帽那样，这种佩戴方式无法在发生前方撞击时保护头部。

　　切记，一旦头盔有裂痕或损坏，只能扔掉它。头盔的设计原理是以泡沫的破碎来化解撞击力，因此，经过一次撞击，泡沫已经被"用过"了。脑袋是人体的无价之宝，千万不要用没有保护作用的头盔来冒险。

鞋和踏板

　　职业车手对于他们的鞋有着一种特殊的情感。在比赛开始之前驶往赛场的大巴车上，你会看到车手们用酒精湿纸巾认真地擦拭他们的鞋子。

　　鞋子是否合适要看你要参加哪种骑行。公路鞋的鞋底非常坚硬，通常由碳纤维、钛金或塑料制成。合理的硬度会有效地将全部腿部力量传送给踏板和曲柄。硬度还有助于增加对自行车的操控。鞋底的卡扣通常也很大，这样能够让鞋子和踏板的结合更加牢固。因为公路鞋的底面是突出的，所以穿这种鞋行走会有些困难。

　　山地鞋和越野鞋的设计是对硬度（为追求速度）和可移动性（在泥泞路面推车行走或

跑步）的折中。这种折中得以实现的部分原因是采用了嵌入式卡式脚踏，将卡式踏板嵌入鞋底纹理中。

　　旅游式骑行鞋是弹性最好的鞋，这种鞋的设计是为了在推车时让脚部更加舒适。这种鞋也与山地鞋和越野鞋一样，带有嵌入式鞋底板，乍一看，它们更像是网球鞋或是登山鞋，而不像是公路赛骑行鞋。

　　无论使用哪种鞋，舒适度都是第一要素。一定要保证鞋子合脚。每个厂家的鞋子都有自己的独特性，有的宽，有的窄，有的鞋帮高，有的鞋帮低。你要不停地试穿，确保找到那双最适合你的鞋。

　　要试戴各种型号的卡扣系统，确保合适。鞋带都差不多，有些鞋子会用尼龙搭扣或防滑脱系统（像滑雪靴那种）固定脚部。脚在鞋中不停移动会磨出血泡并引起酸痛，同时也会损失本可以传递给自行车的动力。

　　旧式的自行车赛车会装备脚趾套夹和皮带。有些车手仍在使用这种方式，表现出一种浓郁的复古风，但新式的自锁踏板的确更加好用。自锁踏板用一种绑定系统将鞋子锁进踏板。如果你的脚扭向一边，鞋子会自动退出自锁状态。刚开始使用时可能会感到有点害怕，但是用过几次后，你就会离不开它。

　　踏板的选择也是多种多样的（图 13.6）。山地自行车和越野自行车的踏板系统被设计得更便于插入和甩脱，即使踏板糊满泥污也不受影响。旅行车踏板不仅带有绑定系统，还有标准踏板台，因此不要求一定穿着专业的自行车骑行鞋。

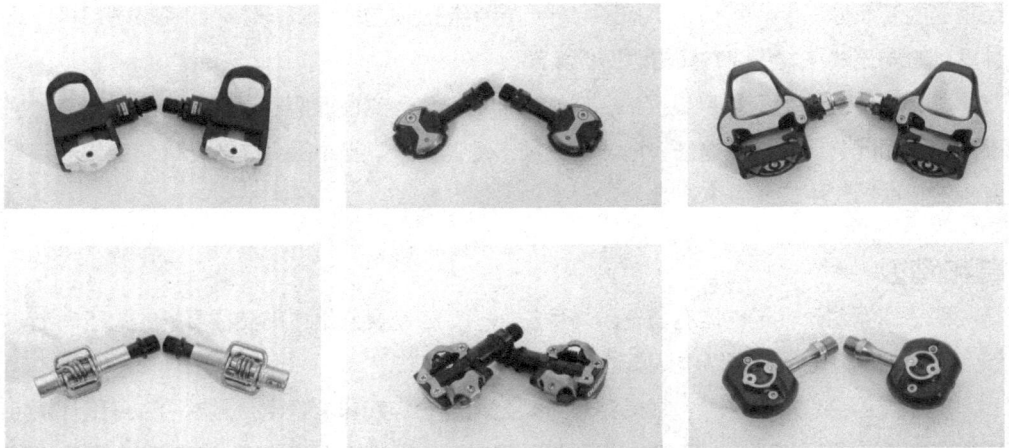

图 13.6　公路自行车踏板

　　卡式踏板系统有着不同的浮动范围。浮动是指在脚部锁入踏板后能够移动。固定式自锁系统使脚部紧贴踏板，不允许移动，而自由浮动系统允许脚部沿与脚掌垂直的轴线移动。建议使用可移动的系统，因为它可以降低不协调导致的受伤风险。踏板产品说明中会介绍浮动量。当地自行车专卖店会向你展示不同的踏板系统，并帮你选择最适合的踏板。

在购买骑行鞋和卡式踏板时要向销售人员进行咨询，确保两者可以搭配。你要知道，山地骑行鞋无法和公路自行车踏板搭配，反之，公路骑行鞋也无法与山地车踏板一起使用。

骑行裤

合理着装会使骑行更加舒服并令人愉快。当开始骑行时，大部分人都很关心如何在骑行中让臀部感觉舒服。穿着一套优质的自行车骑行装会提供很大帮助。如果询问一位资深的职业车手，问他哪些着装最为重要，他很可能告诉你是骑行裤和骑行鞋，因为这些东西与自行车之间存在紧密接触点。

骑行裤带有坐垫，这是一种典型的吸湿排汗材料（图 13.7）。原来所有的骑行服坐垫均为天然皮革，而科技的进步打破了这种局限。你要根据性别购买骑行裤，这种裤子的设计也是男女有别的。好的骑行服坐垫当然值得用高价购买。

图 13.7 BIB 骑行裤和骑行服坐垫

骑行裤大都为贴身抗拉扯面料。紧身骑行裤防止大腿和臀部与车座过度摩擦。骑行裤中有一种带束腰的标准款或是 BIB 款，这种 BIB 款有两条肩带，有点像吊带裤。职业车手或比较专业的车手会选择 BIB 款，如果是长时间骑行这种款式会更加舒适。

如果你不喜欢过于贴身的标准骑行裤，可以买一条肥大的带骑行服坐垫的骑行裤。

骑行裤内不要再穿内裤，如果穿着内裤再穿骑行裤就失去了骑行裤的设计意义。你应该至少有两条骑行裤以备替换，因为每次骑行后，都要洗干净，防止骑行服坐垫产生细菌，降低患鞍疮的风险。

骑行衫

从黑白旧照片中看到的羊毛质地的骑行衫开始，骑行衫经过了很长的历史演变。如今，骑行衫的质地多为科技含量很高的面料，有着极好的排湿性和透气性。骑行衫现在的造型可以减少风阻，在背后装有背囊可以储存食物、衣物或骑行需要携带的其他物品。最新式骑行衫的前襟为全程拉链或 3/4 式拉链。全程拉链更容易通风或解开。骑行衫的面料、袖长和厚度都不尽相同，可以按不同的骑行条件进行选择。分层穿是一个很好的主意，以便根据天气变化进行调整。

服饰配件

可供选择的服饰配件多种多样。你可以在进入这项运动后根据自己的喜好进行选择，我只介绍几种广泛使用的配件。

- **手套：**骑行时要戴手套，这对你有好处。手套使手与车把的接触得到缓冲，如果发生撞击手套会起到很好的保护作用。半指手套最为普遍。佩戴这样的手套不影响你拉拉链、吃东西以及操作换挡等动作。有些山地自行车车手偏爱全指手套，当他们在崎岖的山路骑行时，这种手套的保护性能要优于半指手套。显而易见，当你在寒冷天气骑行时，要买保暖性能好的手套，它会有效防止手指被冻僵。
- **护肘和护腿：**它们是骑行工具箱中必不可少的配件，具有神奇的功能，容易穿脱，重量很轻，可以轻易塞入骑行衫背囊。
- **紧身裤：**天气寒冷时可以考虑穿着紧身裤。有些紧身裤的设计中带麂皮，有些则是将它套在常规骑行短裤外面。你所在地区的天气决定了是否需要紧身裤，对于大部分车手来说，护腿的确很有用。
- **夹克：**有各种类型的骑行夹克可供选择，从瘦型防风夹克到厚保暖夹克，你可以根据需要进行选择。随身携带一件防雨夹克会让人安心不少。还要再说一次，骑车时候的天气决定着你选择什么样的衣物。前面曾介绍过，多穿几层比穿一件厚夹克要好很多。

- **眼镜：**眼镜是骑行装备中必不可少的，它可以防风、隔离炫光、防紫外线、防昆虫、防沙尘和其他杂物。要确保眼镜质量很轻，能够提供足够大的弧形保护。有些眼镜的透镜是可更换的，即使是阴雨天气也要确保佩戴眼镜，对眼睛进行保护。你可以根据不同的天气条件使用不同的透镜：遮阴的、清晰的、黄色的、琥珀色的或粉色的。

补水事项

骑行中补水很关键。自行车的水壶架是一种经典设计，它是携带饮用水的最佳方式。350 毫升的水瓶和 500 毫升的水瓶都适用。骑行时最好带两个水壶架，以防长途骑行或天气特别炎热时饮水不足。水壶架有很多形状和材质，可以是金属的、塑料的、钢质的、铝质的、钛金和碳纤维的，但没有必要花大价钱购买水壶架，没有人仅因为较轻的水壶架就赢了比赛。

有些车手更青睐水袋背包，这对山地和越野车车手更有吸引力。有些时候，他们正骑行在崎岖的山路上，无法轻松抓起一瓶水，这时水袋背包就显得更加方便，他们可以边骑行边喝水，就算骑行在对技术要求很高的山路上也不受影响。当然，在骑行中背部负重越少越好，骑行姿势本身已经使腰背处于紧张状态，所有能够减轻压力的办法都值得尝试。

修车工具箱

你应该对处理骑行中可能发生的小故障做好准备，包括换胎和简单的修补。因此要准备一个备胎、一套修胎工具和一个打气筒。与打气筒相比，有些人更喜欢二氧化碳气瓶。二氧化碳气瓶的优点是体积更小、充气更快，而缺点是每个气瓶只能充气一次。如果管子和气瓶之间连接不当，或者不止一根车胎需要充气，就麻烦了。如果决定携带气瓶，至少要带两个。

你还需要备有某种组合工具（图 13.8）。这些工具中包括内六角扳手、螺丝刀、辐条扳手和打链器。万一你需要紧固车座或车把，或需要截掉链条中的故障部分，这些工具会帮你大忙。

本章的内容可以帮你成为一名装备完善的车手。你要时常浏览杂志，逛逛自行车专卖店，了解有什么新品出现，以及各种产品如何应用于你的骑行方式并满足你的需要。切记，要将重点放在那些重要装备上，一些小物件虽然酷炫可爱，但它们可以随时购置，不要本末倒置，应该在购得的装备已经可以满足骑行安全和舒适性时再去考虑它们。

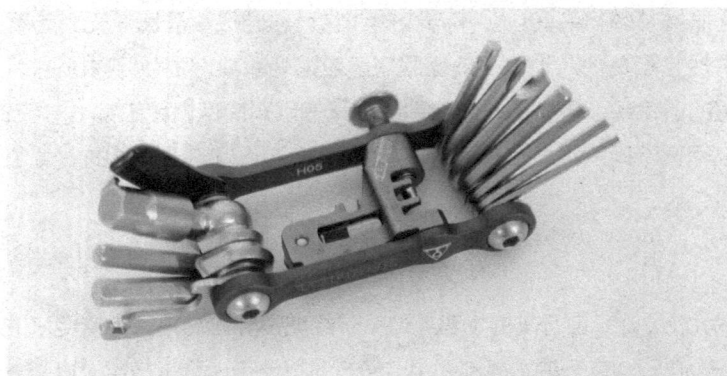

图 13.8　组合工具

第 14 章

精准量身和骑行技术

本章的重点是介绍车手的正确姿势、骑行技术和操控技巧。自行车量身的重要性不言而喻。骑行的舒适性、发挥出来的功率和伤害防御在很大程度上要取决于骑行中身体的协调性。本章将带你全面了解正确骑姿的一些关键测量值。无论你是决定进行一次职业化量身还是自己完成量身，读完本章后，你会对车架设置的尺寸和如何调整有深入的了解。骑行中有些技术适合你，而另一些则并非如此。在本章中，你也将学习操控自行车和使踩踏动作发挥最大效率的最佳手段，同时，还将学习如何自如地运用所有挡位。最后，本章结尾介绍的知识会让你在日后的公路骑行或小组骑行中受益匪浅。

车架尺寸

经典型公路自行车车架有一根与地面平行的上管，这种车架是一种方形的样式，除非是定制，否则这种经典型车架的上管和车座管几乎有相同的长度。过去十几年来紧凑型车架更加流行。在紧凑型车架中，上管倾斜成一定的角度，与首管相交的点要高于与车座管相交的点。之所以说它"紧凑"，是指上管、下管和车座管之间形成的三角形比经典型车架要小一些。这种结构的优势就是重量更轻、硬度更高。紧凑型车架的尺寸划分很简单：小型、中型和大型。制造商通过改变把立长度、角度和车座管的长度来定制加工车架。

对于经典型车架而言，尺寸通常是根据车座管的长度来划分的。制造商会自行决定用厘米或英寸为单位进行测量。通常公路自行车以厘米为测量单位（比如 56 厘米），而山地自行车则以英寸为单位（比如 18 英寸）。其他的制造商会以大、中、小划分车架。在测量经典型车架时有个普遍的法则，就是用你的站比高度进行比较。站在上管一旁进行比较，上管与胯骨之间有 2.5 ～ 5.1 厘米间距。无论是主攻公路款还是山地款，紧凑型车架制造商都会提供尺寸表，你可以根据自己的身高和腿长找到适合自己的车架尺寸。

骑行姿势

骑行姿势不仅关乎骑行时是不是很酷，还会影响成绩。你会不会觉得职业车手在骑行时好像在迅速而轻盈地飞翔？这要归功于他们多年的训练和对姿势的不断纠正。

下面我要对姿势是否正确做最基本的衡量，只通过文字无法让车手们明白什么才是完美的骑行姿势。但是，如果你真能用心领会这些文字，就能更加顺利地完成量身。

鞋的位置（卡鞋的位置）

量身的第一步就是正确设置自行车骑行鞋。如果你很认真地对待自己的骑行，就应该使用卡式踏板和专用骑行鞋。在鞋上安装扣片时要注意自己的行走和站立姿势，注意看走路时脚尖冲内还是冲外（内八还是外八），安装扣片时，要选择与脚形相似的角度。许多人想让扣片与自行车移动的方向完全保持一致，其实，你应该让扣片角度与走路和站立时脚的方向保持一致。扣片安装的位置要使踏板轴处于脚掌正下方。

车座的位置

车座的位置取决于 3 个元素：座高、首尾位置和车座角度（图 14.1）。这 3 个元素会影响最大踩踏动力的获得，肌肉纤维有一个最佳发力位置，车座设置合理会有助于更加有效地利用踩踏的力量，正确的姿势也有助于缓解酸痛。下面为你在家中自己设置车座提供一些指导性的建议，你需要找个朋友帮你做调整。如果你要进行职业水平的量身，当技术人员进行设置时，这些信息也会有助于你更好地理解所做的量身。

图 14.1 车座的位置

- **车座高度：**将自行车置于训练台上（稍稍抬起前轮），在车座上坐稳，在将脚卡入踏板前，调整座位高度，使脚后跟轻触踏板，这是个很好的初始点，然后将鞋卡入踏板，在曲柄处于 6 点钟位置时，膝关节应有轻微弯曲（图 14.2a），上下移动车座高度进行微调，找到最舒服的位置。在训练台做踩踏动作时，臀部要保持稳定，如果臀部反复摆动，就需要将车座高度稍微降低一些，一定要确保车座管不可拉出过长，通常座管上会有明确的标记，拉出车座管的长度不可超过该标记。

- **首尾位置：**首尾位置的调整要从卡鞋上的扣片开始。对扣片进行调整，让踏板轴处于脚掌正下方，并处于一条直线。扣片的角度根据平时习惯性站姿的足部角度进行设定（内八还是外八）。接下来需要一根铅锤线，也就是一根一端坠有砝码的绳子，任何五金店都能买到。骑上车子，扣好卡鞋，将曲柄调至水平 3 点钟位置，将绳子顶端放在膝盖上后，观察铅锤处于足部的哪个位置（图 14.2b），前后调整车座，让铅锤直接正对踏板轴上方，调整好后，再看看车座高度，并做相应的微调。

图 14.2　车座的正确位置：（a）高度正确时，膝关节会有一点弯曲;（b）确定前后位置需要从膝盖垂下一条铅垂线，这条线垂直于踏板轴

- **车座角度：**最好先将一个杠杆平放于车座上，使它与地面平行。骑行一会儿后，对其他位置进行合理调整，在骑行中体会调整带来的变化。

为车座量身是一个漫长的过程。一个参数的每一次微调都会或多或少引起其他两个参数的变化。每次微调都是为了更加贴近正确的距离，直到毫厘不爽为止。完成下一部分的测量后，要重新查看车座高度，确保没有变化。

车把的位置和 Reach

车把的正确位置和 Reach（从五通管中心到首管顶部中心点的水平距离）取决于骑行方式，但是无论是公路骑行、山地骑行、旅行式骑行还是骑混合动力车，姿势就是在空气动力、舒适性和可操作性三者之间进行协调。越是前倾，空气动力就越大。但前倾会在胳膊和后背产生较大张力，如果过于前倾，可能会影响对自行车的操控，因为前轮将承受更多的重量。

车座调整好之后，有 3 个因素决定着你的 Reach——把立高度、把立长度和把立角度（图 14.3）。我们先从把立高度说起。公路自行车的把立应该与车座平齐或稍微低于车座（赛车手会让把立大大低于车座）。如果你的后背有伤，或者你骑的是旅行车或混合动力车，就要抬高把立，一定要找到一个舒服的高度。前面曾说过，增加高度会导致风阻增加。大多数情况下，山地自行车不需要做太多调整。最好的办法是，不管车子原来的把立是什么情况，先骑上再说。过段时间后，如果发现上身过于向前或向上时，再去当地的自行车专卖店调整把立。

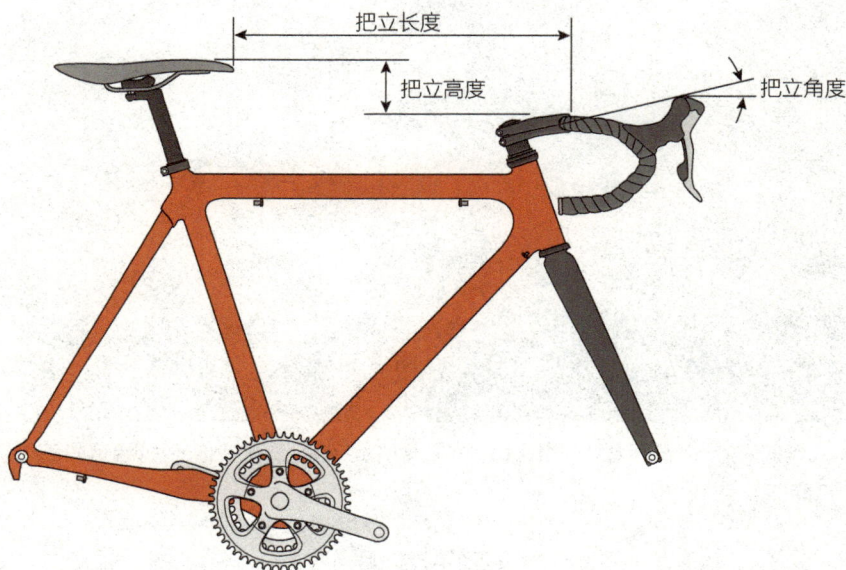

图 14.3 Reach 的调整：把立高度、把立长度和把立角度

把立的长度和角度是相辅相成的。调整姿势时，要看你在前倾上方探出的幅度有多大。体验公路自行车的大小是否合适时，身体前倾，肘部应稍微弯曲。如果车把的水平部分遮住你看到前花鼓的视线，说明前把立的长度和角度都是正确的。对于旅行车、混合动力车或越野车，前花鼓应位于车把水平部分稍往前些的位置（图 14.4）。

每次调试完都要将车子骑出去感受一下。身体处于适应阶段时，最初会感到有些不适，这很正常，但是如果一直感觉不舒服，甚至发展到后背或脖子持续疼痛或手部麻木，那就需要重新调试了。

职业车手的自行车量身有多种选择，而且价格差异很大。有些部分需要手动进行，和我们在这一部分所描述的很相似。更加先进的自行车量身技术会应用视频和影像在你移动时对你的姿势进行评估，这种方式。如果你采用的职业化量身，与这里的描述稍有不同的话，也不必担心，这里提供的信息是一个很好的起点，自行车量身毕竟是要因人而异的。

　　无论初始量身结果如何，经过长期骑行后，你总会觉得有些地方需要重新调整，但调整不要过大，那样做会使身体承受过多压力。

图 14.4　正确的姿势。当双手放在罩盖上时，车把横的水平部分正好使你无法看到前花鼓

骑行技术

　　不要浪费每个蹬车动作。有用的骑行技术能够提高效率和成绩。骑自行车看上去并不高深，孩子在掌握了平衡之后都没有问题，但是有很多细节会决定你能成为职业车手还是普通大众。

效率和蹬踏动作

　　要注意自己的蹬踏动作，认真对待蹬踏方式会大幅提高骑行成绩。要认真观察蹬踏动作是否流畅；在完整的画圆行程中，你在哪个点发力；身体是否在车座上摇摆等问题。低效或无用的动作会在曲柄无数次的转动中不停翻倍，曲柄转动一圈，这些低效或无效就会重复发生一次。

　　有很多新手只在向下冲程时才猛踩踏板，这样不对，在整个画圆中要双腿共同用力，教练称之为"画满圆"。有些研究人员更倾向于三角形蹬踏动作。这种说法听起来很奇怪，但研究表明，许多顶尖车手的确是使用一种三角形的蹬踏动作：向下前方蹬踏，在踏程底部往后拉，再向上提到踏程顶端。其实无论是哪种方式，只要你在心理上接受就可以，重点是保持发力的连续性，不要让任何一条腿只工作半程，而在另一个半程毫无作为。千万不要花费一条腿的力气来帮助抬起另一条腿！

有些车手会将圆形前牙盘换成椭圆形，这种设计背后的用意就是要尽量减少在旋转"盲点"所花的时间，这些"盲点"通常是指踩踏行程的最高点和最低点。椭圆形在理论上改变了牙盘的有效齿的个数。比如，腿部在向下冲程时施力最大，椭圆形牙盘相当于 56 齿齿轮，这会产生更大动力，但是当动作来到冲程底部时，力量最弱，椭圆形牙盘也仅相当于 51 齿齿轮，更好地适应腿部较弱的拉力。

你完全可以自行决定是使用椭圆形还是圆形牙盘，重点是在整个踏程中腿部施力要保持顺畅不间断，这样就能保证每次踩踏都会取得最高效率。

在脚部随着踏程转动的过程中，要注意脚跟姿势和腿部动作的连贯性，不要忽慢忽快或动作幅度过大。整个向下冲程都要流畅，足跟微微向下，动作移向圆圈后侧时开始向上提起曲柄，足跟向上。实现踩踏动作流畅的秘密技术就是在非赛季时以一个固定挡位骑行，这一招主要训练踩踏圆周的流畅性。切记，动作幅度过大会浪费体能，别忘了记录你的心得。仔细观察职业车手如何流畅地踩踏踏板，即便是高速骑行，他们也会如此做。

调挡和踏频

如果你骑的不是固定挡或单一挡自行车，那么自行车一般都会装有一个变速器或挡位系统，用于根据不同的地形来控制踏频。通过利用前后牙盘的各种相互组合，会产生多种传动比供车手根据骑行中的实际情况进行相应选择。

前牙盘和后嵌齿相乘就是可用的所有挡位数，但是并非所有的挡位都有用。尽量让链条轨迹平直地沿着向前的方向移动，不要把前面外侧最大牙盘上的链条与后面最大内侧嵌齿进行"交叉"，链条角度会造成拉力过大，从而损坏链条，而且链条运动方向也会影响效率。

如果你想让传动比更加精准，可以上网使用在线计算器计算出你的自行车应该使用的传动比。现在让我们了解一下基础概念。牙盘上的齿数或嵌齿决定着它的规格。拿公路自行车举例说明，人们可能会说："我骑的是 52-38。"这就表示他们的自行车有一个 52 齿的大牙盘和一个 38 齿的小牙盘，这种方式同样适合后花鼓。当人们说"我骑的是 23-11"，他们是说后齿轮的最多齿数和最少齿数。

最大传动比就是链条处于最大前牙盘（齿数最多）和后花鼓的最小齿轮（齿数最少）时。

最小传动比则正好相反，是链条处于最小前牙盘和最大后齿轮时。

　　要想熟练流畅地调整挡位，还需要勤加练习。开车时你会经常换挡，骑行时要根据地形、风速、路况和疲劳程度经常调换挡位。不要被限定在一两个挡位上，你花了一大笔钱买了心仪的自行车，就一定要物尽其用！

　　自行车的不同挡位就是用来控制踏频的。一个老练的车手当然知道在哪种地形使用哪个踏频最有效。奋力骑行中，你会感受到来自腿部和肺部的痛感，但它们的痛感程度相当，你可以通过改变踏频做到这一点。听上去简直像自虐，但是这样做是为了分摊痛苦。如果肺部更难受，就要降低踏频，提到更高的挡位；如果腿部更不舒服，就切换到小一些的挡位，增加转数。

　　骑行时不太容易数你的踏频，如果你的确很想知道训练时的踏频，有些很经济的自行车计算器包含这个选项，购买时可以将这项考虑进去。大部分功率表都有踏频测量功能，它会显示同一时间的功率和踏频。当你切换挡位使踏频发生变化时，功率也会随之发生变化，并且随时可查。

自行车操控技巧

　　一旦骑上了公路，就意味着你将全程处于神经紧绷状态，要随时准备采取避险行动，因此骑行技术越高也就越安全。常言说："熟能生巧。"最好提前掌握这些技术，这样才能在发生紧急情况时熟练运用。骑行时要保持冷静，这样更有助于摆脱危险。即使没有同伴干扰的独自骑行，也无法总是准确预测下一个弯道会发生什么，或者前面的车会突然有什么动作。集体骑行时，人们会挤在一起，这时你更希望骑得舒服一些。

　　下面的几个练习可能会派上用场。首先要找到一个安静的、没有车或者没有障碍物的地方，这样就可以专心练车而不必担心什么。不管骑什么样车（公路自行车、山地自行车、越野自行车、混合动力自行车或者旅行自行车），这些练习全都适合，而且非常有效。

- **翘轮：**我们当中有许人多在孩提时代骑 BMX 小轮车时就掌握了这一技术。如果你想骑过一个障碍物，就要自如地翘起前轮。稳稳地踩住踏板，然后迅速拉起把手，但动作要舒展自然。罗比·麦克尤恩是一位公路赛职业车手，他以冲刺时的翘轮动作而闻名于世。

- **兔子蹦：**毫不夸张地说，这种方式曾经多次助我脱离险境。这是一项必备技术，你要认真练习这项技术，直到可以轻松跃过马路牙子或一处坑洼地带。在骑行中，将双手和双脚同时向上拉起，两个轮子就会同时离地。

- **画小圆：**以慢速骑行，主要训练沿圆形骑行，在不摔倒的情况下，圆形轨迹越小

转数对效率的影响

　　转数是指每分钟车轮转动的圆周数，这个数据对骑行效率有着重要影响。每个人都有属于自己的最佳踏频，这个踏频能够实现车手体能的最大效率。在奋力骑行中，要实现肺部氧化作用和换气系统之间的平衡，以及肌肉的能量生产和代谢废物处理之间的平衡。你可以通过改变踏频控制这些过程发生的速度。

　　在实验室中车手切换不同的挡位时，可以随时观察他们的心率、功率甚至乳酸等情况。令人惊奇的是，使用正确的踏频不仅能够产生很高的速度，还能使心率和乳酸产量保持相对稳定，这是令人欣慰的。

　　可以利用爬坡对自己进行一次有效的实验。以大传动化进行爬坡，然后，在感觉已经恢复后，用稍小传动化再爬一次。看看两次结果有什么不同。在保持速度不变或提速时，努力尝试找到感觉最舒服的传动化。

　　如果家中有训练台、心率表和功率表，你可以模拟这种实验室实验。进行间歇训练（详见第 7 章），记录在利用不同踏频（即使用不同的转数）时的心率值和功率输出值，感受一下，看看是否能够找到属于自己的最佳踏频。

　　职业车手会以一种十分轻快的踏频进行爬坡。当他们处于良好的竞技状态时，通常在阶段赛中会保持 90 ~ 95 转 / 分的踏频。这个速度会将肌肉的疲劳感和酸疼感降至最低，使他们在第二天的骑行中仍然能够保持高昂的斗志。当比赛进入白热化时，他们也同样青睐更快的踏频，这种方式更有利于提速。

　　如果你不太适应以高踏频爬坡，就要慢慢熟悉这种方式。正如开始训练时一样，如果从起步阶段按部就班地进行训练，你慢慢就会发现，你的技术水平、姿势和协调能力都会有所提高，最终，你会在爬坡时表现得像个老练的职业车手一样。

　　越好。不要忘了左右两个方向都要进行练习。这种方式用于训练骑行时身体的平衡性，使你能够适应在狭小空间和在集体中骑行。

- **急刹车：**加速至冲刺速度，然后惯性滑行。尽量以最快的速度刹车，不打滑。记住，停车的力量大部分来自你的前刹。这项技术比较难以把握的地方是，如果前刹用力过猛，可能会造成车体弹起。这项训练就是让你感受你的最快制动能有多快。练习这项技术的目的在于学会如何急降速而不失控。

- **原地定车：**你可能会看到车手在等红绿灯时做这个动作。尝试这项练习之前，要确保已经掌握了甩脱脚踏的技巧，这样会使你更有信心在即将摔倒时能够马上站住。这项技术和其他技术一样考验平衡感和与自行车之间的默契程度。双手握住刹车，将前侧车轮转向一侧，然后立在踏板上，可能需要一点晃动来保持平衡。
- **过弯道：**选择一处规整平缓的弯道，不能有任何障碍或杂物。进入弯道时先慢速再加速，感受车体的倾斜，在驶过弯道时动作要自然流畅。切记，驶过弯道时不要踩踏踏板，以防止踏板摩擦地面。注意用脚外侧发力将踏板踩到底，而脚外侧应位于曲柄 6 点钟位置。认真感受进入弯道时轮胎的抓地力，切记圆滑地驶过弯道，尽量不要刹车，略施加牵引力即可。如果刹车，有些力是让车子降速，另一些力用于防止轮胎打滑，最好用牵引力来控制轮胎。

集体骑行

一群车手总是比一个人更容易激起群体加速，同时骑在人群中也增加了危险发生的可能性。这里提供几个小窍门帮你避开不必要的麻烦。

- 始终保持一定的空间，跟骑时也要注意这个问题。
- 千万不要和你前面的车手"交叉轮"，避免当那位车手迅速变位或要躲开某个障碍物时卡住你的车轮。
- 与其他车手交流。如果你看到路面上有障碍物，一定要确保紧随其后的车手知道这一情况，因为他们也许没法看到你周围的情况。
- 不要突然移动。车手们都希望你能够沿着当前的行进路线并保持原速前进，如果你必须有所动作，一定要告诉其他人，让他们知道你要做什么。
- 保持匀速前进。如果骑行时位于一字形队列中时，应该将挡位调大一点，这样就可以让你的骑行更加平稳。

为自行车做精准量身非常重要。优秀的车手加上精准量身会提高骑行效率和功率输出，同时获得更好的操控性和驾驭感。不断累积的训练里程一定会提高你的骑行技术，但是花点时间专门学习一下操控技术永远不会错。当你花了时间去体验完自如的骑行才能骑得更好、下坡更快并且更有能力避开潜在的危险。

第**15**章

一般问题的处理

我无数次在这本书中提到过自行车是项令人痴迷的运动，你会从中收获无数惊喜。骑自行车会改善心血管功能，让你体验速度的快感，并领略秀丽的风光。它对身体的冲击很小，是一项对人体非常有益的运动。当在其他运动中受伤时，骑行往往会被纳入康复计划，因为骑行对关节施加的压力很小。

可是正如任何一项其他耐力运动一样，骑行太久或运动量过大也会引发疼痛，如果不尽早解决，疼痛可能不断带来麻烦，最终导致只能求医问药。

骑行的伤痛分成两大类：外伤和劳损（或拉伤）。第一类伤痛很明显，所有的车手都希望倒地的只是车子而不是车手，没人愿意发生碰撞，但如果真的发生，你需要了解如何紧急施救。第二类伤痛危害更大，它们以一种缓慢的方式侵袭人体，使人虚弱。在本章中你将学习如何紧急处理伤痛，另外我也将介绍一些处理小伤痛的办法，这些小问题不及时处理可能会随着时间推移而变成棘手的问题，同时我还将提供一些如何进行康复的信息。

处理骑行中遇到的伤痛时，首先要机智，要动脑。如果遭遇车祸或感觉伤情在恶化，要进行休息，最好立刻解决出现的伤痛。如果膝盖有问题，那就休息一段时间，不要骑行，弄明白是什么导致疼痛。有扭伤膝部的动作吗？是没骑车时发生了什么吗？是否因为新买了设备或改变了骑行姿势？把所有能够导致疼痛的原因统统想一遍。

切记，骑行对你而言是一件长期的工作，因此不要对出现的问题视而不见，在症状恶化之前要休息，疼痛是在警告你身体出现了问题，在没有造成真正的伤害之前，一定要认真对待身体发出的提示。

如何对待自行车运动中的伤痛，有几条通用原则。

1. 立即解决问题。
2. 以专业手段检查问题所在。如果发生车祸，当然必须进行紧急医疗处理或去看医生。如果仍然疼痛，应该去运动医疗中心或去找主治医生进行诊治。
3. 休息。不要逞强，最好短暂休息，这比之后需要更长的时间休息要好得多。
4. 制订一份计划，避免相同的问题再次发生。

RICE

如果确实存在运动伤痛或有了外伤，那要记住 RICE 原则。通过 RICE 疗法，你会尽快回到骑行队伍中。越快解决问题，就能越快恢复骑行。

- **休息（Rest）：** 如果有痛感，则说明身体需要休息。要听从身体发出的提醒，为身体提供治愈机会。
- **冷敷（Ice）：** 冰块可以有效防止受伤处发炎。将冰放在薄薄的织物上能够防止皮肤被冻伤，最好将冰放在受伤处保持 15 分钟，然后拿开，15 分钟后再敷。
- **压迫（Compression）：** 如果可以的话，使用加压包装满了冰放在伤处。这将有助于防止伤处肿胀。
- **抬高（Elevation）：** 保持伤处高于心脏位置。

皮疹

我们小的时候都有过磕碰的经历。无论你的骑行经历有多久，擦伤对你而言一定不陌生。而皮疹听上去比擦伤"更吓人"，可是作为车手，你无法回避它。

解决皮疹主要是防止感染和留疤。首先要尽快彻底清理伤口，这样做不仅可以减少感染的风险，还可以使伤口处于可控状态。如果伤口清理及时，则仍然有部分肾上腺素保持流动，这会有助于缓解疼痛。

要马上去掉伤口上的草叶、石子或其他异物及杂质。最好用清水冲洗伤口，最简单的方式就是淋浴，如果一时无法淋浴可以在塑料瓶中装满水并扎上小孔，对伤口进行喷洗。

接着，用稀释的肥皂水和纱布或干净的毛巾再次清理伤口，动作要尽量轻柔，但要尽可能地去掉陷入伤口的杂质，且不要用力擦洗伤口，这样可能会对组织造成更多伤害，更不要说这种疼痛可能会让一个大人哭得像个孩子。

不要使用双氧水之类的清洗伤口。浓度太高的清洗液会把伤口和正在愈合的组织周围的细胞弄伤，而稀释的肥皂水就是最佳选择。

清理完伤口后，要使用一层薄薄的抗生素药膏，常见的有新斯波林和枯草杆菌肽。有些人对新斯波林的某种成分过敏，因此枯草杆菌肽可能是更好的选择。给伤口敷药要使用不粘纱布，这是很重要的一个环节，因为，如果使用普通纱布，换敷药时可能无法揭下旧纱布，这会让人痛苦万分。如果无法去掉旧敷药纱布，可以在淋浴或沐浴时浸泡，让纱布与正在愈合的组织脱离。

尽量让伤口暴露在空气中。显然，你得工作或到公共场合去，但如果回家了，尽量让伤口暴露在空气中，这样有助于伤口愈合，也能减少医疗费用。

说到疤痕，这是无法回避的问题。可以减轻留疤的信息有很多，不同的整形医生也有不同的技术和产品。有些人建议去掉结痂，而有些人则不同意这种做法。我建议让伤口通过结痂愈合，在几乎自行掉落前将它去掉。要想避免结疤，最重要的是避免阳光照射。过了受伤的紧急阶段仍要采取相应的防护。正在愈合的皮肤需要数月时间才能自行修复，至少在受伤后 6 个月内，受伤面组织需要用衣服或者防晒霜遮盖，防止阳光照射。

注意观察是否存在感染迹象。最初伤口边缘因急性外伤会发红，这是正常现象。但是如果在受伤后几天情况开始恶化，就需要请专业人士检查一下。感染的其他迹象包括：痛感加剧、出现白色脓液、伤口四周有红色条纹并且有发烧现象。如果你担心感染，可以立即去看医生。越早治疗，情况越可控，你也会尽快好起来。

鞍疮

没有人愿意去想或者谈论鞍疮，但是，如果你对这项运动是认真的，鞍疮就有可能成为你必须面对的事情。首先，皮肤发炎和鞍疮是不一样的。发炎是由于擦伤恶化导致的，有可能是因为皮肤与衣物摩擦或与车座摩擦，这种情况很好治疗，你可以调整装备，休息一下，用点乳霜。

但是，如果在骑行时压力点没有改变，炎症可能发展成鞍疮。这种鞍疮是发生在毛囊或汗腺中的带炎症或感染性的结节。和许多事情一样，防患于未然是最佳良药。如果想避免这种情况发生，一定要保持清洁并穿戴合适的衣物。穿着合体的骑行裤，并且直接接触皮肤，不要再穿内裤。确保车座非常适合你，不要为了减少重量而牺牲舒适度。我本人曾经有过那样的经历，而且教训惨痛。如今，我使用同一个品牌的车座已经超过10 年了。

骑行结束后不要再穿着骑行裤到处走，要尽快换回平常的短裤，最好能马上洗个澡，这对职业车手来说可是大事。他们下了自行车就会立即在大巴车上淋浴，如果必须立即前往颁奖台而没有时间淋浴，最起码会换上干净的裤子。

确保用正确的方式洗涤你的骑行裤。按照制造商提供的说明书进行清洗。洗完之后立即拿出去晾干，不要将他们一直放在潮湿的洗衣机里，那样会滋生细菌。

　　最后，要使用麂皮保养乳。市面上有太多选择，你必须找到最适合自己的，DZ Nuts 就挺好的，大部分的自行车专卖店都有售。

颈部疼痛

　　颈部疼痛通常是因为骑行中长时间过度屈曲颈部造成的。在非赛季时，你应该重点加强颈部力量训练并拉伸颈部肌肉群。切记，肩部和颈部的肌肉群是交叉存在的，联系非常紧密，因此一个好的练习计划会让整个肩颈得到强化。

　　训练年度开始阶段要以轻松的状态进入骑行，慢慢增加骑行时间。这会让你的颈部像身体其他部位一样逐渐适应骑行的过程。如果训练第一周的周末有个不错的好天气，许多车手可能会感到异常兴奋，于是立即骑上自行车开始了一段疯狂的骑行，但脖子疼会让他们不得不退回休息状态。

　　如果在赛季期间发生颈部疼痛的问题，那你应该休息几天，不要骑车。确保进行了"关节活动度练习"。如果症状一直持续，那么应该去找医务人员看看，必须看看是不是因为骑行姿势带来的问题，解决方法包括抬高或缩短把立。你会发现有的把立角度更直立，如果倒置把立可以缓解姿势的紧张度，可以考虑倒置把立。

手和手腕疼痛

　　尺神经病变会引起手部麻木或刺痛感，多发生在小指头和无名指，主要因为神经长时间受压。

　　正确的姿势可能解决部分问题。还可以通过缩短 Reach（从五通管中心到首管顶部中心点的水平距离）减轻双手承受的压力。缩短到把手的距离会将一部分体重传递给车座。按照第 14 章中关于骑行姿势的描述进行调整，如果可以的话，做一次专业的自行车量身，当地的自行车专卖店大都会提供这方面的服务。

　　还有一个简单的办法，就是戴上有衬垫的骑行手套。软垫的手套不仅可以通过将重量分配到整只手来减轻直接压力，还可以抑制车把传来的震动。在这一点上，有些车架的材料在舒适度上更占优势。钢质或钛合金车架比铝质车架的抗震效果更好，铝质车架更容易传递路面传来的震动。

　　如果休息之后仍然感觉手部疼痛或麻木，就需要去看医生，或者到运动医师那里进行检查。神经痛是很严重的现象，需要在它变成大问题或变得不可逆转之前尽快解决。

背部疼痛

在自行车运动中，后背疼痛很普遍，它让许多车手痛苦不堪。和这里讨论的许多问题一样，背部疼痛经常与错误的姿势有关，可能是骑行中的姿势，也可能是工作中的坐姿或站姿不正确而导致的。总而言之，长期不正确的姿势会对下腰背的骨骼和肌肉造成过度牵拉，导致其过度紧张。

如果发现背部疼痛，你可能需要去专业的医生那里，针对症状进行专业的评估，然后确定产生问题的原因。要查看肌肉是否处于平衡状态；是不是腘绳肌或股四头肌与其他肌群相比，强健程度不对等。单独的局部伸展练习，比如伸腿和屈腿练习，会使背部力量与之平衡。这种练习应该在非赛季进行，但什么时候开始改善背部健康都为时不晚。你可以向某位教练或理疗师求教，学习正确的强化技术。

你的腰椎间盘是否正常？腰椎间盘长期承受过度压力和紧张有时也会导致其突出甚至发生骨裂。这是非常严重的问题，有时需要进行干预或手术，千万不要让问题发展到如此严重的地步。

要让后背保持良好的姿势，这一条同样适用于你的生活中，而不只是在骑行中。如果你需要坐着工作，一定要注意保持坐姿正确，要有一把舒适的椅子，要确保每隔一段时间站起身来走走，避免肌肉过于紧张。

臀部痛（梨状肌综合征）

这个问题通常是由于肌肉紧张和不平衡造成的。梨状肌是一组小型肌肉组织，它的作用是使腿部外旋。蹬踏力量大部分来自臀大肌。换句话说，梨状肌处于"搭顺风车的状态"，这使它没那么强壮，有时会变短，因此会发生肌肉紧张或疼痛。

解决办法再简单不过，就是让肌肉保持平衡。你可以在健身房中通过各种简单的练习实现肌肉的平衡，完成包括外展和内收全范围的活动练习，同时需要拉伸梨状肌。

这里提供一个有用的练习：仰卧，弯曲膝关节，然后将右脚踝放在左膝之上。现在，将左腿拉向身体（图 15.1a）。你应该会感觉到臀部外侧的拉伸。如果想拉伸强度更大一些，可以做相同的姿势，但要坐在泡沫轴上进行拉伸（图 15.1b）。以相同的姿势，慢慢将臀部放在泡沫轴上前后滚动。

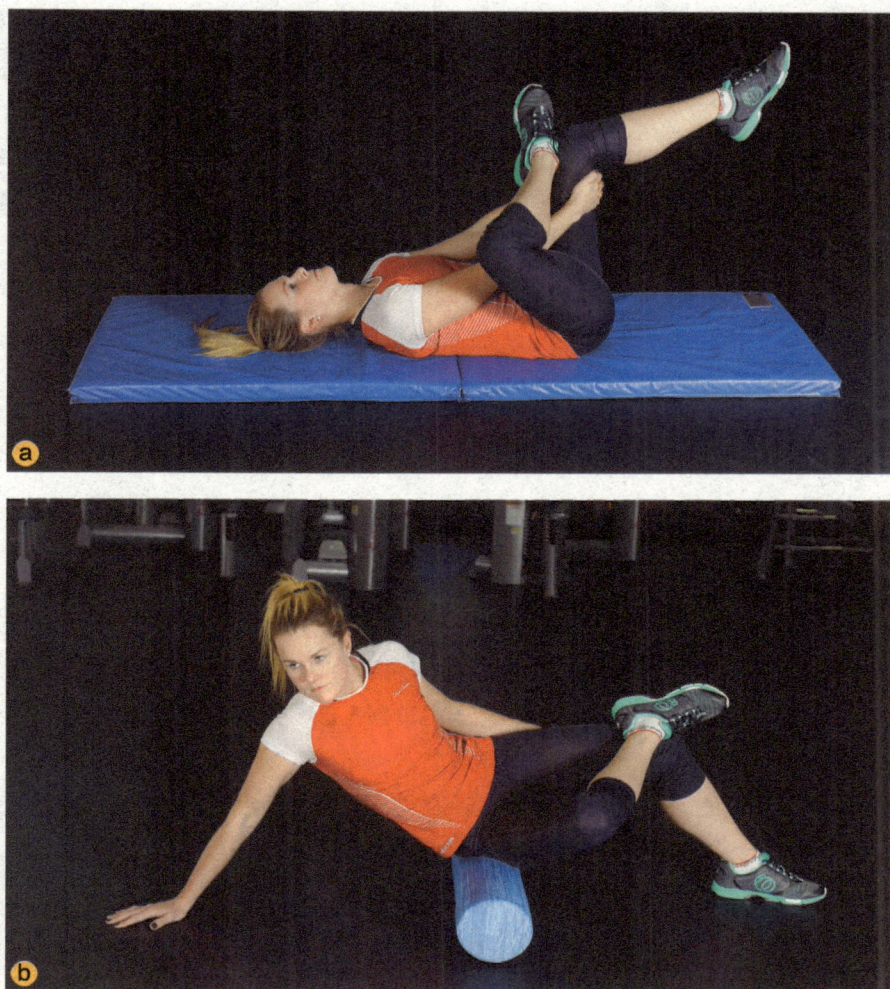

图 15.1 （a）臀部伸展；（b）臀部滚动伸展

膝部疼痛

在自行车运动中，膝部疼痛也是最普遍的问题之一。膝部疼的两大罪魁祸首就是不正确的姿势和运动过度。

在第 14 章中，我们曾讨论了自行车精准量身中与膝部有关的几项参数。显然，车座高度是重要因素之一。切记，无论你是换了鞋还是换了扣片，都要对车座高度进行重新评估。第二次量身参数是扣片在鞋上的位置，包括足部的转动和首尾的位置，这两点不协调也会引起膝部疼痛。

如果膝部疼痛一定要适当休息。休息期间可以回顾一下姿势是否正确，最近是否有过什么改变，是否大幅增加了骑行距离。建议你到当地的自行车量身公司去检测，以确保量身的准确性。

有个问题经常被忽视，那就是扣片的位置。扣片的设定应该以足部的自然姿势为依据，并非必须与轴线对齐，它应该呈现为一种自然的状态。自然站立，看看足部的姿势，它们是内八、中直还是外八？坐上自行车，将脚放在踏板处于曲柄 3 点或 9 点的位置，这时足部的姿势要和你平时足尖自然向前的角度相仿。

不得不承认，随着年龄增长，我也有过膝部疼的毛病。于是我换了可自由活动的踏板系统，然后膝部问题就消失了。

拉伸有助于缓解膝部疼痛。再说一遍，如果存在肌肉失衡或韧性不足，拉伸有助于解决这个问题。

足部问题

拥有一双与自己的脚型相配的骑行鞋非常重要。每个人的脚型都是不同的，而鞋子制造商也是各有所长。有些鞋子可能适合宽脚掌，而有些厂家更善于制作窄脚掌骑行鞋。曾经有些车手因为必须穿着赞助的鞋子而只能穿着非常不合脚的骑行鞋。他们甚至要在小脚趾鞋面划些小口子免得磨脚，简直令人痛苦不堪。

好在你没有这样的烦恼，你只需考虑鞋子的舒适性和是否合脚。选择骑行鞋可不是看它是否属于大牌，而是看它是否合适。一双好的骑行鞋应该舒服但不会过紧，这样的鞋子能够在保持脚部温暖的同时还具有很好的透气性。

如果鞋子的某个部位与脚持续摩擦造成脚疼，可以直接拉伸鞋子那个部位的面料。你可以剪一个泡沫"垫圈"放在肿胀位置上。如果不解决这个问题，事情会变得更糟糕。持续的压力会导致身体以炎症的形式做出回应。

而解决问题的办法就是找到一双合脚的鞋子。你要多试几双，直到找到最合脚的那一双。千万不可因为随意捡起的一双骑行鞋而毁掉骑行生涯。前面我们提到过，对那些与自行车的接触点绝不可掉以轻心，而车座和鞋子是身体与自行车最直接的接触点。

对自己再多关心都不为过，没有必要在训练中逞英雄。对问题要高度敏感并尽早解决，要确保训练顺利进行。新的装备，包括骑行鞋和骑行裤或其他物件都要适合你的姿势。在路上骑行是长期的事业，要经过一个又一个赛季，不断进步，而急躁只会导致长期存在并发症。如果你的训练合理，而且你时刻关注身体传递来的信息，你就能沿着正确的方向不断前进。

附录 A
个人训练强度区间

基于乳酸阈心率（LTHR）的强度水平

		LTHR 百分比	你的 LTHR
强度区间 1：主动恢复	强度上限	<80%	<0.80 ×_____ =
强度区间 2：耐力	强度下限	80%	0.80 ×_____ =
	强度上限	90%	0.90 ×_____ =
强度区间 3：节奏	强度下限	90%	0.90 ×_____ =
	强度上限	97%	0.97 ×_____ =
强度区间 4：乳酸阈	强度下限	97%	0.97 ×_____ =
	强度上限	103%	1.03 ×_____ =
强度区间 5：超高阈	强度下限	103%	1.03 ×_____ =
	强度上限	110%	1.10 ×_____ =
强度区间 6：极限	强度下限	>109%	>1.10 ×_____ =

基于乳酸阈功率（LT Power）的强度水平

		LT Power 百分比	你的 LT Power
强度区间 1：主动恢复	强度上限	50%	<0.50 ×_____ =
强度区间 2：耐力	强度下限	50%	0.50 ×_____ =
	强度上限	75%	0.75 ×_____ =
强度区间 3：节奏	强度下限	75%	0.75 ×_____ =
	强度上限	99%	0.99 ×_____ =
强度区间 4：乳酸阈	强度上限	100%	1.00 ×_____ =
强度区间 5：超高阈	强度下限	100%	1.00 ×_____ =
	强度上限	150%	1.50 ×_____ =
强度区间 6：极限	强度下限	>150%	>1.50 ×_____ =

基于最大心率（MHR）的强度水平

	MHR 百分比		你的 MHR
强度区间 1：主动恢复	强度上限	60%	<0.60 ×_____=
强度区间 2：耐力	强度下限	60%	0.60 ×_____=
	强度上限	72%	0.72 ×_____=
强度区间 3：节奏	强度下限	72%	0.72 ×_____=
	强度上限	79%	0.79 ×_____=
强度区间 4：乳酸阈	强度下限	80%	0.80 ×_____=
	强度上限	90%	0.90 ×_____=
强度区间 5：超高阈	强度下限	91%	0.91 ×_____=
	强度上限	97%	0.97 ×_____=
强度区间 6：极限	强度下限	>98%	>0.98 ×_____=

附录 B
训练日志

训练日志基础版

日期 _____

骑行描述 _____

距离 _____

时间 _____

强度 _____

精神状态（愉快、悲伤、心烦、紧张）_____

睡眠 _____

疲劳度水平 _____

体能状态 _____

训练日志高级版

日期 _____

骑行描述 _____

距离 _____

时间 _____

强度 _____

精神状态（愉快、悲伤、心烦、紧张） _____

睡眠 _____

疲劳度水平 _____

体能状态 _____

平均速度 _____

平均踏频 _____

平均功率 _____

最大心率 _____

平均心率 _____

不同心率区间用时 _____

最大功率 _____

平均功率 _____

总运动量（单位：千焦） _____

创建自己的训练计划

周	周一	周二	周三	周四	周五	周六	周日
1							
2							
3							
4							
5							
6							

作者简介

香农·沙凡铎（Shannon Sovndal）是一位医学博士，也是 Garmin-Sharp-Barracuda 职业自行车队的队医，就职于科罗拉多大学的普通临床研究中心（General Clinical Research Center，GCRC）。沙凡铎先生毕业于哥伦比亚大学医学院，并在斯坦福大学完成实习。他是美国运动医学学会和美国急诊医学学会成员。成为医生之前，他曾是一名职业公路自行车赛车手，赢得了加利福尼亚自行车锦标赛冠军，以及无数其他公路赛和环形公路赛冠军头衔。沙凡铎先生已发表了数篇有关自行车运动的文章，在急救医学方面同样著述颇丰。

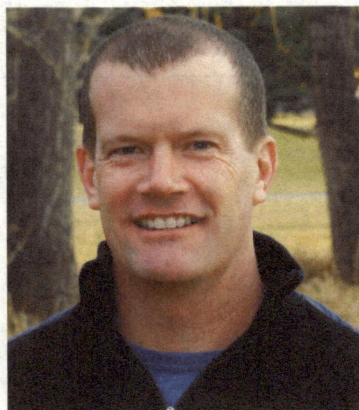

译者简介

张建，河北师范大学体育硕士，备战 2016 里约奥运会身体功能训练团队中方体能执行教练，主要负责备战里约奥运会期间中国自行车队场地短距离国家队的体能测评与训练指导服务。长期参与河北省体育科学研究所的青少年运动员选材与研究工作，在国内多家期刊和国内外会议上发表运动科学相关论文十余篇。主要研究方向是运动训练、体能训练。